JN299593

妊活♥

いますぐはじめたい6つの習慣

池下育子

SOGO HOREI PUBLISHING CO., LTD

はじめに

「せっかく女に生まれたんだから、いつかは子どもを産みたい」
「愛する人と家庭をつくりたい！」
「生理が不順なんだけど、これって大丈夫なのかな？」
「理想の彼にこれから出会って、結婚して……。そのとき私はまだ産めるカラダなの？」

あなたも、こんな風に思ったことはありませんか？

最近では、テレビや雑誌で活躍するたくさんの有名人が、結婚、妊娠、出産をし、女性の夢見る全てのモノを手に入れているように映ります。

あなたも同じように、やりたいことをやりながら、ステキな人と結婚をして子どもを産み、キレイで幸せなママになりたい、という思いを持っているのではないでしょうか？

仕事にやりがいを持って頑張っている人、もう少し恋愛を楽しみたいと思っている人、結婚はしたけれど経済的にも時間的にも、まだ子どもを持つことが難しい人、この人だ！　と思えるパートナーに巡り合えない人など、「子どもが欲しい」と思ってはいても、「いつか」とつい先延ばしにしたり、もしくは先延ばしにせざるを得ない状況の人がとても多いのです。

２０１２年４月に、興味深いデータが発表されました。内閣府から発表された「国民の幸福感を10段階で聞くアンケート調査結果」で、子どもがいない人より、子どもがひとりでもいる人のほうが、幸福度が高い傾向にあることがわかったのです。赤ちゃんを授かり、親になり、子育てをする。子どもを持ったからこそ経験できることがありますし、さまざまな段階であなた自身も成長することができます。

もちろん、子どもを持たずにパートナーとふたりで仲良く生きていくのも、選択のひとつだと思っています。

ですが、私も子育てを実体験したひとりです。仕事をしながらの子育てはとても大変でしたが、それ以上の充実感があることを知りました。子どもが大人になった今では、私を支え、助けてくれる、とても頼もしい存在となっています。

高齢出産が話題になっているとはいえ「いつまでも産めるわけではない」と、本書を手に取られたあなたは気づいているのかもしれません。

とくに、心とカラダのメンテナンスを怠っていると〝妊娠できる時間〟を短くしてしまいます。どれだけケアを頑張っていても、早い段階で妊娠できなくなってしまう人もいるのです。さらに、最近はセックスレスになっているカップルも増えています。そうなるとますます妊娠から遠ざかってしまいます。

ですから、「いつかは赤ちゃんを産みたい！」というあなたには、〝いつか〟ではなく〝今から〟妊娠・出産できる心とカラダの準備＝妊活をはじめていただきたいのです。

本書は、あなたが、あなたのパートナーと、いずれあなたが産む子どもと一緒に、愛にあふれた幸せな毎日を送ることができるように、そして、あなたがあなたらしい人生を送るためのお手伝いができたら……と思い書いた一冊です。

婦人科医として35年以上、多くの女性の悩みに触れてきた経験と、最新の医療の両面から、お話しさせていただきます。

本書がみなさんの幸せな未来をつくるお手伝いができればうれしいです。

池下育子

はじめに…3

第1章♥いつかは産みたい！　妊活女性が知っておくべきカラダのしくみ

1　30代半ばをすぎて過信はキンモツ！…10
2　卵子は歳を重ねることで老化し、減っていく一方です！…14
3　子宮と卵巣ってどうなってるの？…18
4　生理は、神様がくれた心とカラダのバロメーター…22
5　高齢出産を甘く見てはいけません！　いつでも産める気症候群…26
6　現代のライフスタイルは妊娠力低下の宝庫です！…30
7　太りすぎはダメ、痩せすぎはもっとダメ！…34
8　カラダは、あなた自身が食べたものでできています…38
9　あなたのパートナーは大丈夫？　男性のカラダに異変アリ！…42
コラム　低用量ピルを使う・止めるという選択…46

第2章♥あなたは産めるカラダ？　妊娠力を診断

1　これまでのあなたを振り返る！　妊娠力 Check 1　生活習慣…48
2　自分の生理、どのくらい知っていますか？　妊娠力 Check 2　生理…56

Contents

3 その症状、妊娠力を下げています！　妊娠力Check 3　病気…66
4 妊娠力を知るための検診あれこれ…72
コラム　服用している薬による妊娠力…78

第3章♥産みたいときに産む！　ための妊娠力が高まる6つの習慣

1 カラダの冷えを徹底退治！…80
2 朝の太陽の光を浴びて、体内の時差を調整しよう…84
3 ストレスと上手に付き合う精神力を身につける…88
4 骨盤底筋を鍛えよう…92
5 妊活世代が食べたい食材…96
6 婦人科検診を1年に一度受診して身も心も美しく…100
コラム　中絶や流産を繰り返していると……　…104

第4章♥良いセックスが、良い夫婦、良い妊娠・出産につながる

1 セックスでキレイになる？　セックスと女性ホルモンの関係…106
2 男性と女性の性欲には違いがあることを心得て…110
3 セックスにはコミュニケーションが必要！…114

4 男性にNOが言えない？　こんなセックスが妊娠力を下げています…118
5 セックスレスにならないために、なってしまったときは？…122

第5章♥Q&A

Q1 不安と気恥ずかしさで婦人科を受診したことがありません。婦人科検診ではどのようなことをするのですか？…126
Q2 喫煙者です。子どもをつくるどのくらい前までに止めたら良いのでしょうか？…128
Q3 男性との経験がほとんどありません。経験人数は妊娠に関係がありますか？…129
Q4 デスクワークで腰痛持ち。妊娠しにくいと聞いたのですが……？…130
Q5 妊娠を望む女性が積極的に摂っておくべき栄養成分ってありますか？…132
Q6 シフト制の仕事で不規則な生活を送っています。今の仕事のまま妊娠することは難しいですか？…134
Q7 お酒を飲むのが大好き。毎日同僚と飲みに行ったり、晩酌をしたりと、ほぼ毎日飲んでいます。やっぱりマズいのでしょうか？…136
Q8 子どもを持って自分がママとしての気持ちを持てるかどうか不安です。…138
おわりに…140

第1章

いつかは産みたい！
妊活女性が知っておくべきカラダのしくみ

01

30代半ばをすぎて過信はキンモツ！

20代は仕事に、プライベートに忙しく、あっという間に30代。出産を真剣に考えるようになるのはそれから、という女性が多くなっています。

最近では40代の有名人の出産・妊娠がマスコミに取り上げられるようになり「40代の出産も当たり前」といった認識も広がってきました。実際に30代後半をむかえても「私も、まだまだ大丈夫ね！」と、胸をなで下ろしている女性が多いと思います。

でも、「いつでも産める」と過信するのはちょっと危険です。

昔に比べて医学が進歩したとはいえ、誰もが安全に高齢出産ができるとは限らないからです。

まず、妊娠するにはタイムリミットがあることを知って欲しいと思います。女性の社会進出や晩婚傾向、経済的理由など、この数十年で出産年齢の実情はめまぐるしい変化を遂げました。

■妊娠率・出産率・流産率

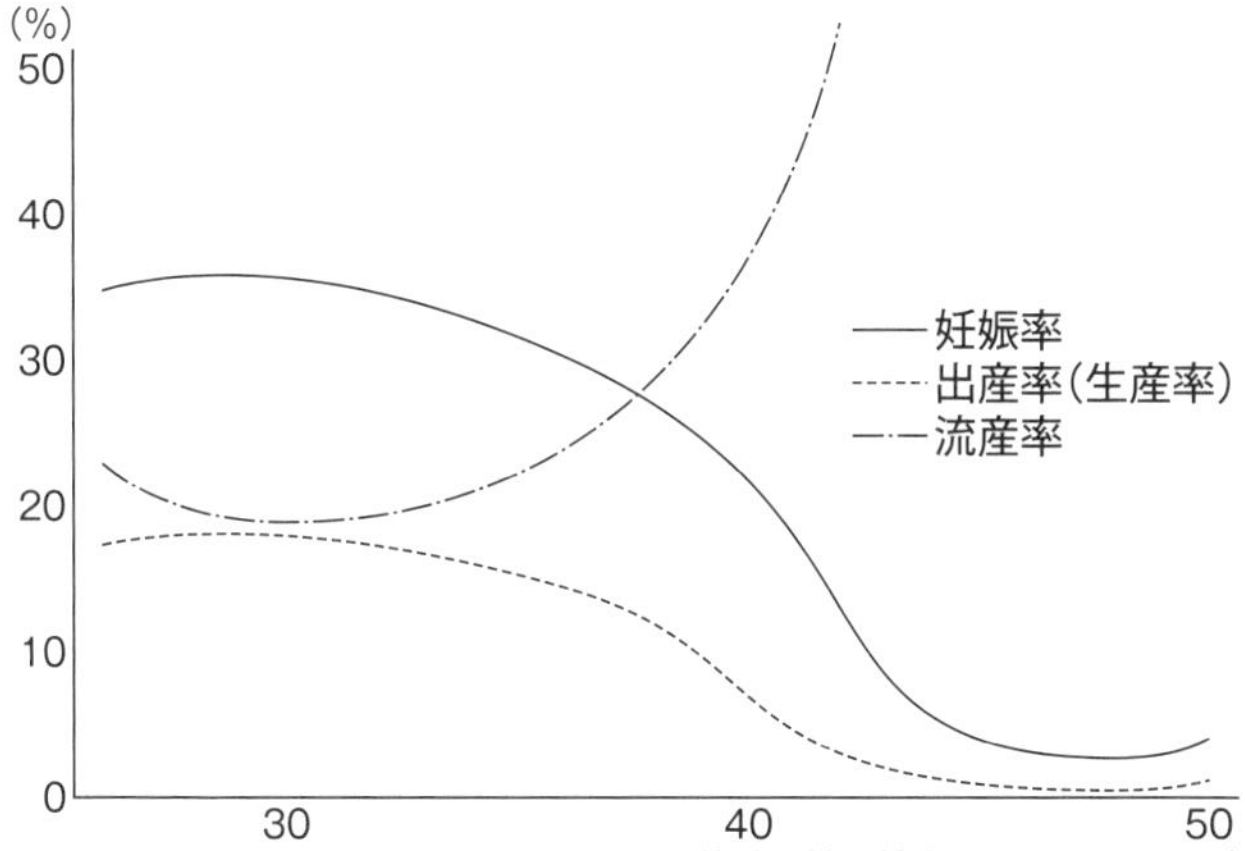

体外受精成績を元にしたイメージ

しかし、進化するのに長い時間がかかるヒトのカラダは、たったの数十年では、この大きな変化に適応できないのです。

タイムリミットができてしまうひとつめの理由は「卵子の老化」です。

勘違いをしている人が多いのですが、卵子は卵巣から毎月新しく生まれているのではありません。

あなたが、お母さんのおなかの中にいる頃に、一生分の卵子のもとがつくられます。これを「原始卵胞《げんしらんぽう》」と言い、原始卵胞が使い果たされたときが閉経となるのです。

50代になってもたくさん持っている人もいますし、20代でほとんど残っていない人も、まれにいますので、「あの人が大丈夫だから、私も大丈夫」と、楽観視はできません。

ふたつめの理由は「卵巣年齢」です。

年齢を重ねると、体力や基礎代謝が落ちたり、シミやシワが気になりはじめますよね。それと同じように、卵巣の機能も衰えていきます。そうなると、健康な卵子も減り、女性ホルモンも低下して、妊娠したい！ と思ったときに妊娠できないこともあるのです。

ちなみに、一般的な妊娠適齢期は20～34歳頃で、妊娠する確率は25～30％程度だといわれています。また、35歳頃を境にして、不妊症になったり、妊娠しても流産してしまう確率が高くなる傾向にあります。


妊活をする上であなたに意識して欲しいことは、タイムリミットのほかに、「性感染症」や「子宮の病気」があります。

最近は、複数の男性と付き合っていたり、夫以外にセックスフレンドを持つ人も意外に多く、気づかないうちに性感染症や子宮頸がんを患う人が増えています。刹那的に「あの人もこの人も魅力的！」「この人とセックスを楽しみたい」という欲望が女性の中に存在することは確かです。

過去のあやまちで性感染症に感染していたという人も多く、不調を感じて病院に行ったら、卵管閉塞《らんかんへいそく》になってしまっていたというケースもあります。

30代後半になって、心から信頼できる男性が見つかり「この人と結婚して、子どもを産んで、幸せな家庭をつくりたい！」と思ったときに、肝心のカラダの方はすでに手遅れだった……という場合もあり得るかもしれません。

また、「恋人一筋なので、性感染症はありえません！」という女性でも、過去に付き合っていた彼、その彼の昔の彼女、そして、今付き合っている彼の昔の彼女まで考えていくと、完全に安心はできません。

セックス経験がある人なら誰でも性感染症になってしまう可能性があるのです。

感染症を治療せずに放置しておくと、妊娠ができたとしても子宮外妊娠になる可能性が高く、それによって子宮や卵巣、卵管を失ってしまう事態にもなりかねません。場合によっては命にかかわることもあるのです。

子宮や卵巣の病気は、痛みや出血などの症状が出る頃になると、かなり進行している場合がほとんどです。子宮内膜症《しきゅうないまくしょう》や子宮筋腫《しきゅうきんしゅ》も同じで、妊娠してから病気がわかり、赤ちゃんどころか自分自身の健康を害してしまう可能性もあります。

自分のカラダを守るのは、恋人でも夫でもなく、あなた自身でしかないということを、しっかりと認識して欲しいです。

02

卵子は歳を重ねることで老化し、減っていく一方です！

お母さんのお腹の中にいる時に、その人が持ち得る一生分の卵子（原始卵胞）がつくられます。その数は最大で700万個程です。しかし、生まれる時には数万から数百万程度にまで減り、初潮がはじまる頃には、さらに減ってしまいます。11〜12歳頃に初潮をむかえてから、多くの場合は毎月交互に右、左、右、左と排卵していきます。ですから、単純計算で1年間に最低12個の成熟した卵子を排卵することになるのです。

毎月、いくつもの卵胞が発育し、そのうちのたったひとつだけが成熟し、卵子が排卵されます。この成熟した卵胞を「主席卵胞《しゅせきらんぽう》」と呼びます。成熟までいたらなかった卵胞（「取り巻き卵胞」と私は呼んでいます）と、受精しなかった主席卵胞は、共に死滅してしまいます。合算すると毎月10〜50個以上の卵胞（卵子）を失っていることになるのです。

そのため、1年間になくなる卵子は単純計算で、最低でも120〜600個程で

取り巻き卵胞と主席卵胞の発育・成熟

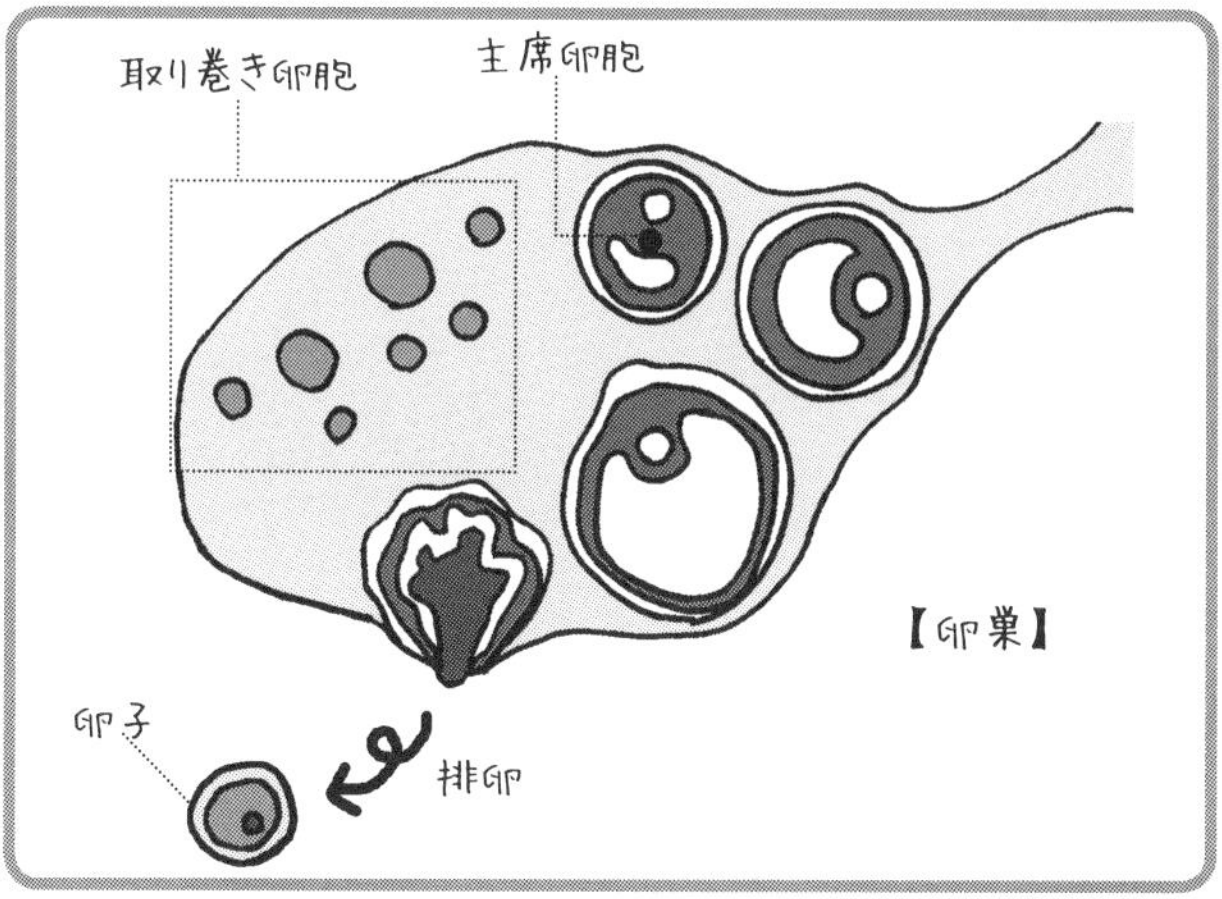

■卵子の数の推移

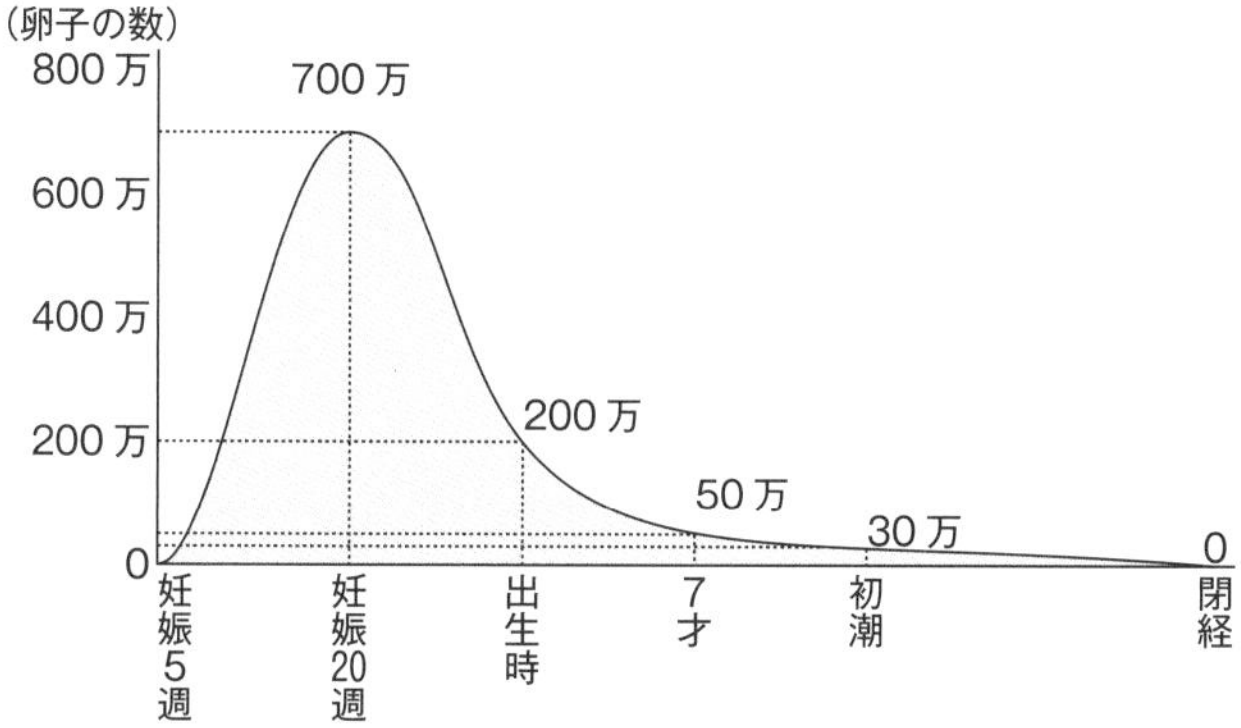

主席卵胞となり得る卵子は生涯で400～500個
この1万倍以上が成熟せずに死滅してしまう

す。そして、ショッキングなことに、もともと持っている原始卵胞の数によっては、20代で閉経してしまう場合もあります。

正常に機能する卵子の数には限りがあるのです。

最近、私の元に相談に来られる人のなかに、「卵巣にどのくらいの卵子が残っているか」を知りたいという人が増えてきました。

希望された場合には、卵巣に残っている卵子の数をAMH（抗《こう》ミューラー管ホルモン）という、卵胞から分泌されるホルモンを血中値から算出する検査を行います。

この検査は、卵巣の機能の一部を調べることができますが、数値に明確な基準がありません。その値が正常なのか、異常なのかを判断しにくいため、継続的に検査をしていく必要があります。

また、AMHの値が高ければ高いほど卵子の数も多いということになりますが、それは卵子の老化とは別の問題です。

老化した卵子は若く健康な卵子に比べて受精しにくく、運良く受精したとしても、子宮内膜で着床しなかったり（子宮外妊娠などにつながる可能性があります）、途中で成長が止まったりして流産となる可能性があります。

20代の若くて健康な卵子はきれいな正円をしていますが、30代半ばをすぎると健康な卵子の数は減り、形がいびつになったり、卵子を守る顆粒膜細胞《かりゅうまくさいぼう》が少ない卵子が増えます。

卵子の老化をストップさせる方法は現状のところ見つかっていません（サプリメントでDHEAが注目されていますが、今後の報告が待たれるところです）。

ちなみに、ピルを飲むと卵子の消耗が抑えられるので、閉経を遅らせることができると勘違いする人がいます。排卵をしないので卵巣をある程度健康に保つことは可能ですが、成熟しなかった取り巻き卵胞は随時失われてしまいます。

AMHの検査内容と価格

AMH検査は、血液検査によって行います。
卵巣内に発育させられる可能性のある卵胞が、どのくらい存在しているのかを予測することができます。不妊治療の進め方を決めるのに役立つ検査です（AMHの値と、卵子の質に直接的な相関関係はありません）。

検査費用

1回7000～10000円程度
（保険適用外）

03

子宮と卵巣ってどうなってるの？

子宮と卵巣は、妊娠するために必要な器官です。そうとは知りながらも、正しいメカニズムを知らない……という人も多いのではないでしょうか。ここでは、妊娠力を左右する、子宮・卵巣の基礎知識をおさらいしましょう。

子宮の構造は大きく2つに分けられます。上の部分が「子宮体部《しきゅうたいぶ》」、下の部分が「子宮頸部《しきゅうけいぶ》」です。

妊娠したときに赤ちゃんが発育する場所が子宮体部です。妊娠前はニワトリの卵くらいの大きさです。子宮の内側を覆っている粘膜《ねんまく》は「子宮内膜《しきゅうないまく》」と呼ばれています。

子宮は、卵巣の指令を受けて一定の周期で子宮の内膜を厚くし、いつでも着床できるように準備をします。そして、受精卵が着床しなかった場合は、はがれて排出されます。これが生理です。

子宮の断面図

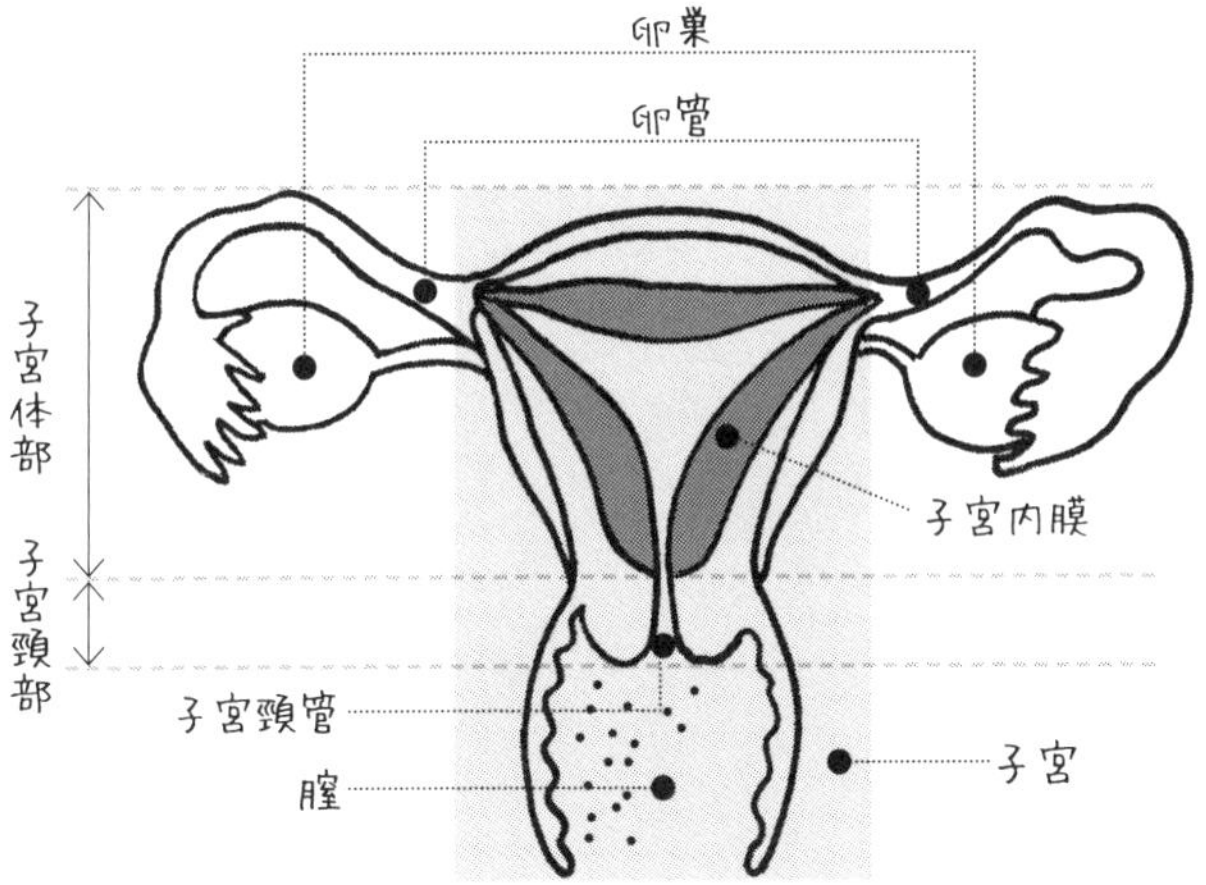

子宮から内膜がはがれ、子宮頸管から体外へ出るときに「プロスタグランディン」という陣痛のように子宮を痙攣《けいれん》させるホルモンが分泌されます。これが女性を悩ませる「生理痛」の原因です。

このように、子宮は生理→受精→着床→出産までを行う働きを持っていますが、あくまでも赤ちゃんを育てるための「入れもの」のような存在です。子宮単体で機能するものではなく、卵巣からの指令を受けてはじめて機能する器官なのです。

卵巣は、子宮の両脇にひとつずつあり、卵管に支えられるような状態で、うずらの卵のような大きさと形をしています。

卵巣の働きのひとつは「卵子を排卵させる」ことです。

卵巣には卵子のもととなる原始卵胞がスタンバイしていて、初潮をむかえるとともに主席卵胞が1ヵ月に1個排出されます。

先に述べたように、一生のうちに主席卵胞となるのはたったの400～500個程度で、ほとんどは「取り巻き卵胞」として消えてなくなってしまいます。

もうひとつの働きは、脳の視床下部・脳下垂体と連携して「女性ホルモンを分泌させる」ことです。

視床下部→脳下垂体→卵巣へと指令が伝わり、プロゲステロン（黄体《おうたい》ホルモン）とエストロゲン（卵胞《らんぽう》ホルモン）という2種の女性ホルモンを分泌します。これは、女性らしいカラダをつくるのにも大切な役割を果たしているホルモンです。

ホルモンの働きの結果が子宮の内膜に反映される「脳と卵巣と子宮のネットワーク」で、カラダのさまざまな機能を支えています。

逆に、この機能が低下したり正常に働かなくなると、月経のトラブルをはじめ、婦人科系の病気を起こしやすくなったり、妊娠しにくくなる危険性もあります。

一見関係ないように思いますが、子宮と卵巣の健康は、脳にも変化を生み出すのです。

脳・卵巣・子宮のホルモン分泌サイクル

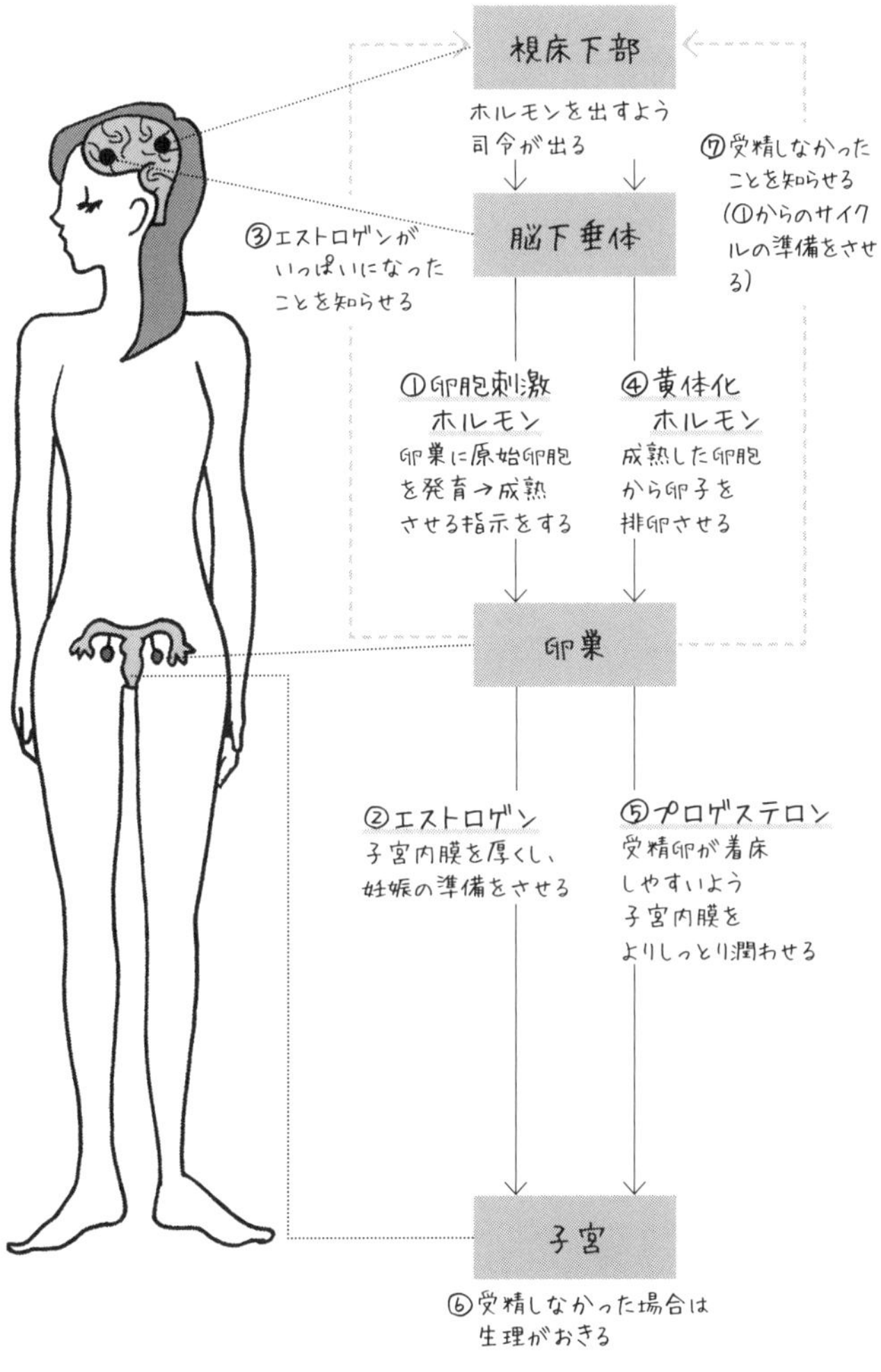
視床下部
ホルモンを出すよう
司令が出る
脳下垂体
③エストロゲンが
いっぱいになった
ことを知らせる
⑦受精しなかった
ことを知らせる
(①からのサイク
ルの準備をさせ
る)
①卵胞刺激
ホルモン
卵巣に原始卵胞
を発育→成熟
させる指示をする
④黄体化
ホルモン
成熟した卵胞
から卵子を
排卵させる
卵巣
②エストロゲン
子宮内膜を厚くし、
妊娠の準備をさせる
⑤プロゲステロン
受精卵が着床
しやすいよう
子宮内膜を
よりしっとり潤わせる
子宮
⑥受精しなかった場合は
生理がおきる

04

生理は、神様がくれた心とカラダのバロメーター

生理が毎月正しく起こるということは、子宮や卵巣に血液と栄養がちゃんと巡っている証拠です。

普段から生理周期を規則正しくキープしていれば、「生理が止まる」というわかりやすい症状で、ストレスや病気などによるカラダの異常を教えてくれます。

正常な生理の周期は25～38日です。ですが、もちろん個人差があり、周期が常に安定している人もいれば、そうでない人もいます。30代半ばから更年期にかけては、周期が短くなったり長くなったり……という変化が起こることもありますので、多少の変動にはあまり神経質にならなくても大丈夫です。

ただし、「脳と卵巣と子宮のネットワーク」の低下によって起こる、「頻発月経《ひんぱつげっけい》」「稀発月経《きはつげっけい》」を放置してはいけません。頻発月経は、周期が24日以内で1ヵ月の間に2～3回生理がある場合。稀発月経はその逆で、年に数回しか生理がない場合を

■正しい月経周期と数え方

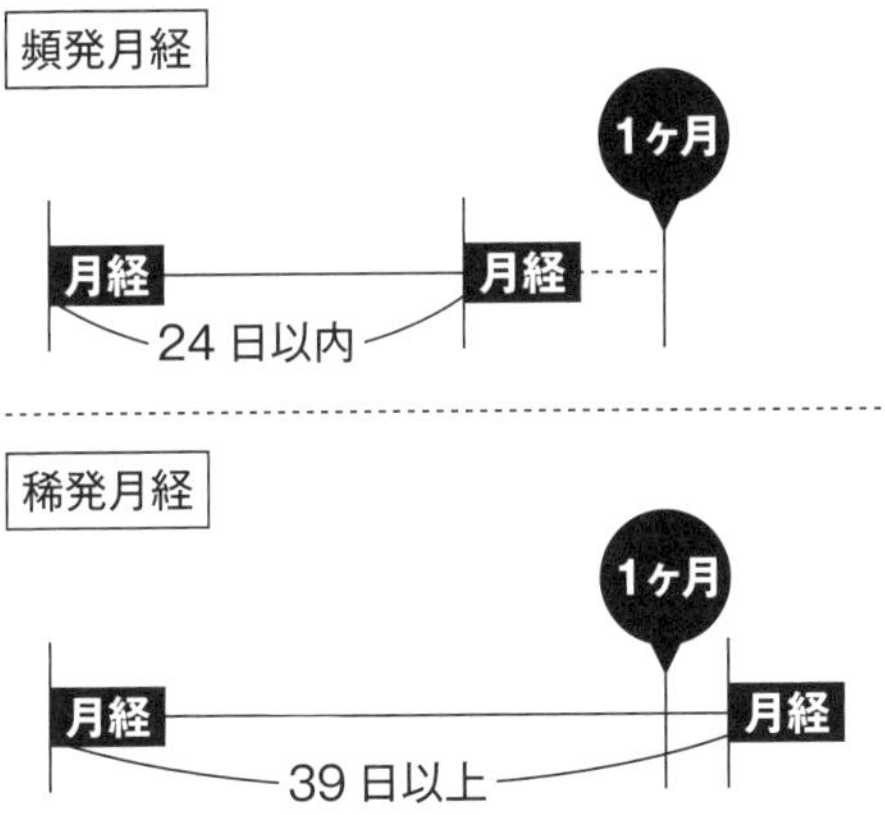

言います。月経周期のズレが10日以上ある人も当てはまる場合があります。あなたの生理周期はどうでしょうか？　思い当たる場合は早めに婦人科の受診をおすすめします。

また、「今は妊娠するつもりがないから、ラクで良いわ」と、生理が来ないまま放置しておく女性がたくさんいますが、「生理が来ない」のは女性のカラダにとって大変危険なことです。生理が起こるために、いくつかのホルモンがかかわっていますが、生理が止まった状態が長く続くと、女性ホルモンの分泌が限りなくゼロに近いところまで下降してしまいます。これは、閉経に近い状態です。年齢に関係なく、更年期障害の症状が現れる場合もあるのです。

子宮や卵巣も老化して痩せていきます。一度機能が低下し、長い時間が経ってしまった場合元の健康を取り戻すことは難しいのです。ただでさえ、30代半ばをすぎると子宮・卵巣ともに老化がはじまってしまいます。生理が止まったままで放置しておくと、子宮や卵巣の血流が減ってきて硬く萎縮《いしゅく》し、終いには卵子も干からびたかのようになってしまう可能性もあります。

いつかは妊娠したいと思っている女性がある程度の生理のリズムを守ることは、とても大切なのです。

男性は生理痛もなく、頭が痛い、胃が痛いなどとはあまり口にしません。胃が痛いと口に出したときには胃ガンになっていたり、頭が痛いと言ったときには高血圧になっていたり、体調が悪いと言ったら糖尿病やうつ病になっていたり……ということがあります。女性の場合は、ＰＭＳや排卵痛などの症状でおなかが痛い、むくむ、冷える、と生理にかかわりのあることを年中口に出して暮らしている生き物ですから、カラダの異常を早期に発見しやすいのです。女性に生まれたことはラッキーだと思いましょう。

生理は、生殖機能だけでなく、心身の異常をも教えてくれるバロメーター。異常にすぐに気づくことができるよう、基礎体温をつけておくのがおすすめです。

■基礎体温表のつけ方

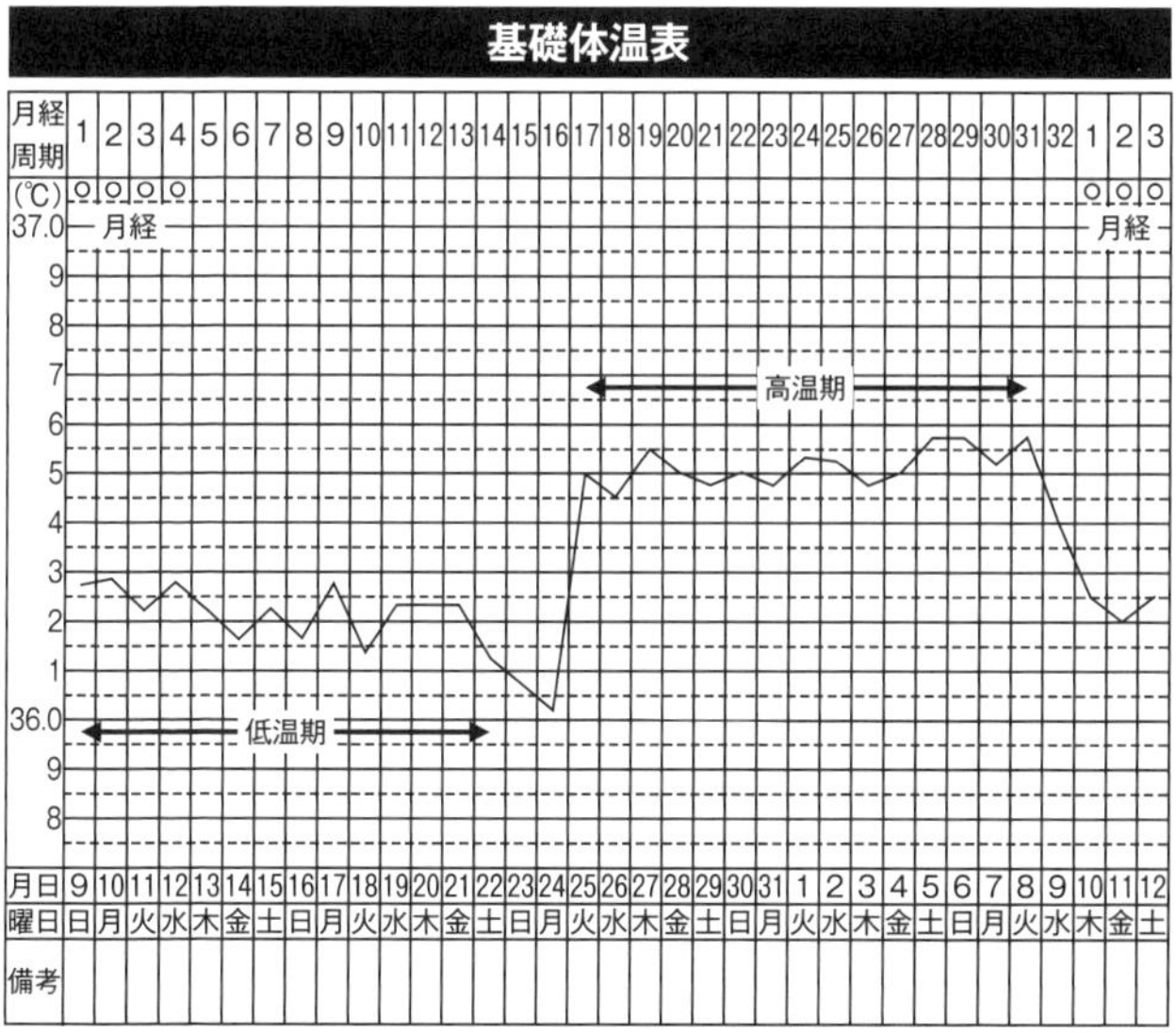

低温期、高温期が 14 日間前後で交互にくりかえされる
高温期に入る前の、最後の低温日に排卵している可能性が高い

基礎体温のつけ方

- 枕元に体温計を準備しておく
- 毎日一定の時間にはかる
- 目覚めたらできるだけカラダを動かさない
- 舌の付け根の部分に体温計を入れてはかる
- 体調や気分の変化なども備考欄にメモしておく

※忘れてトイレに行ってしまった、寝坊してしまった、2～3時間しか眠っていないなど、正確な数値が期待できないときも、できる限り記録していきましょう。

05

高齢出産を甘く見てはいけません！いつでも産める気症候群

先にもお伝えしたとおり、これだけ高齢出産の話題が増えると「妊娠・出産はいつでも大丈夫」といった認識が広がり、30代後半になっても危機感を感じない人が増えているように思います。

例えば、40歳以上でも既に出産経験があり、カラダが丈夫で心身ともに健康な人であればそれ以降の出産も可能性は低くありませんが、はじめての妊娠・出産で40歳を超えてしまうのはとても大変です。

高齢出産には多くのリスクを伴います。出産のときに「吸引分娩（赤ちゃんの頭を特製のカップで吸引して取り出す出産方法）」「帝王切開」など、医療が介入する可能性も高くなります。

健康な子宮と卵巣機能を持っていても、年齢と共に「流産」「子宮外妊娠」などの異常妊娠が増えていくというデータもあります。

いつまでも希望を持っていたいというのが女ゴコロですが、「生理がある＝妊娠できる」という認識では、少し難しいかもしれません。

また、私のクリニックに来院する人のなかには、早発閉経《そうはつへいけい》の可能性がある人も多くいらっしゃいます。

とある33歳の女性で、さまざまなクリニックを受診していた方がいました。どのクリニックでも、単なる生理不順だと診断されたそうです。これまでに医師からどのような説明を受けたかを聞くと、「排卵していないから、生理が止まっている」と言われたそうです。確かに、排卵していないから生理が止まっているということではあるかもしれません。ですが、実は、閉経している状態で、妊娠可能な卵子がないかもしれないのです。

40歳を超えると、同じような症状で来院する人がさらに多くなります。

閉経しているか、単に生理が止まっているかを調べるためには、脳下垂体《のうかすいたい》の「FSH」というホルモンの値を計測します。計測値が基準より高ければ閉経している証拠です。

検査の結果を見て、閉経している人には正直に「妊娠できないかもしれない。不妊治療も難しいかもしれません」とお伝えするのですが、「独身で結婚もしていないのに、信じられない！」と、泣き崩れる人がほとんどです。

ただし、最近では、30代の早発閉経の場合、新しい治療方法で妊娠できる可能性が出てきました。

卵子が1個でも残っていれば男性ホルモンを併用した体外受精で、不妊治療が可能になるといったものです。

昔から生理不順で、最近生理が止まっているという30〜40代の人は、早めに婦人科を受診してください。

■主な不妊治療の種類

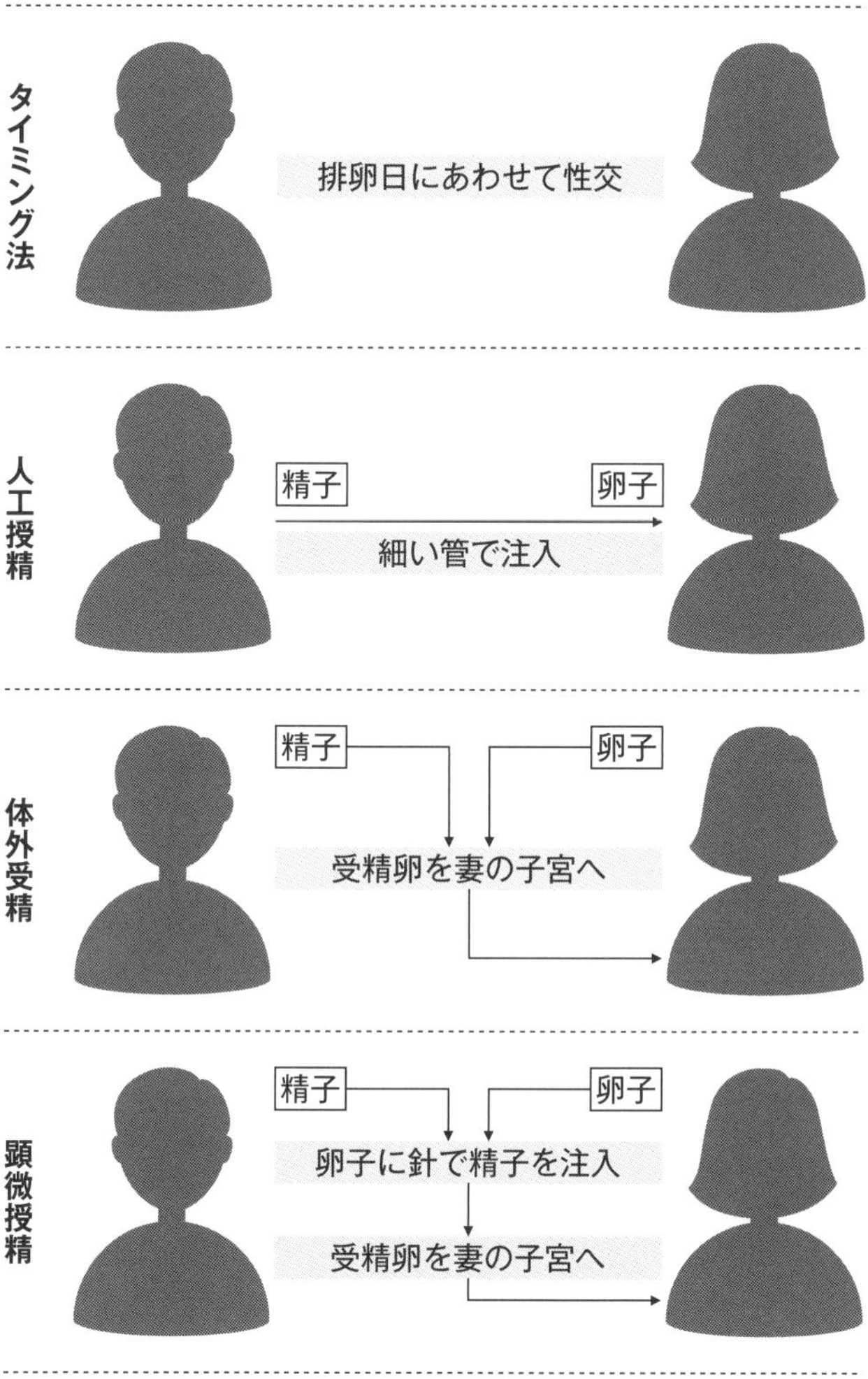
タイミング法
排卵日にあわせて性交
人工授精
精子
卵子
細い管で注入
体外受精
精子
卵子
受精卵を妻の子宮へ
顕微授精
精子
卵子
卵子に針で精子を注入
受精卵を妻の子宮へ

06

現代のライフスタイルは妊娠力低下の宝庫です！

女性もやりがいを持って、バリバリと仕事をしている人が増え、その弊害としてストレスも蔓延しているように感じます。生理が止まったり、カラダがだるくて動くのが億劫になったり、食欲不振に陥ったりと、多くの人がストレスによる不調を訴えることが増えてきました。

では、専業主婦の多かった昔の暮らしにストレスがなかったかというと、答えは「NO」です。例えば戦時中の女性には「生きるか死ぬか」といった、命にかかわるストレスがありました。私の母が、まさにその世代の人です。いつ敵国が襲ってくるのかもわからず、水も出ない、電気もつけられないような不自由な毎日を、老若男女が命懸けで生きて抜いてきた時代です。

そんな過酷な環境にありながらも、ストレスに負けずに強く生き抜いてこられたのは「自分の家族を守る」という強い思いが、ストレスを上回っていたからだと感じています。

命に直接かかわることの少ない現代のストレスが、なぜ女性をこんなにも苦しめているかというと、ストレスの度合いや種類が多様化しているからです。更に、情報過多、精神的要因などによりストレスへの耐性が下がっていることが考えられます。

戦時中は、自分の家族を守るために隣近所との連帯感もあったでしょうし、裏切りなども少なかったと思いますが、現代は違います。

右を向いても左を向いても敵だらけ……としか思えなくなることもあるでしょう。表面上は仕事のトラブルに思えることでも、突き詰めると「上司とウマが合わない」「クライアントとの交渉が上手くいかない」などと、人との関係性にストレスを感じることも増えています。

また、目に見えないストレス、電磁波による害や放射能汚染などもあなどれません。それに加え、便利になった現代は、交通網の発達で運動不足気味の人が増えています。お手軽な食事による栄養バランスの偏りも心配です。

この30年ぐらいの間で24時間営業のコンビニができ、食べものもいつでも手に入るようになりました。いつの間にか25時、26時などという時間の概念も一般的になっています。眠れない夜にテレビをつけると、面白いバラエティー番組も放送されていますし、インターネットでのオンデマンド配信で、好きな時間に映画を観ることもできます。

このような不規則な生活習慣は、体調を崩したり、体内時計を狂わせてしまったりと、知らず知らずのうちにストレスを溜め込む原因となってしまうのです。

程良いストレスは毎日にやる気と刺激を与えてくれるものですが、キャパシティをオーバーしてしまうのは問題です。脳の視床下部の働きを低下させるため、卵巣や子宮へ正しい指令が伝わらなくなります。

ストレスを受け続けると、妊娠力はどんどん低下していくのです。

現代のストレス要因

07

太りすぎはダメ、痩せすぎはもっとダメ！

日本ではスレンダーなカラダがもてはやされていますが、妊活的な視点で見ると、痩せすぎの女性が多いことが気になります。

最近では、小学生の頃からダイエットをしている女の子も多く、それもまた異常です。

女性ホルモンは体脂肪の量と関係があって、通常、初潮が訪れるタイミングというのは、おおよそ体脂肪率が約18％、身長が１４０センチ以上になった頃です。

生理がはじまった後も、この体脂肪率18％を急激な体重減少によって下回ってしまった人は、多くの場合、生理が止まってしまいます。

例えば、体脂肪率が23％の人がダイエットをし、一気に体脂肪を減らすとします。そうするとだんだんと経血の量が減ってきたり、基礎体温をつけている場合は高温期が短くなってきたり、排卵がないなど、何らかのカラダのサインが出てくるものです。

生理と関係するホルモンには、子宮内膜を増殖させるエストロゲン（卵胞ホルモン）と、子宮内膜がしっとりとして、受精卵が着床しやすくなるよう準備するプロゲステロン（黄体ホルモン）の2種類があります。このふたつのホルモンが約1ヵ月の周期で増減することで生理は起こります。

間違ったダイエットがリバウンドを繰り返すカラダにしてしまったり、過食症や拒食症を引き起こしてしまったりして、自律神経の働きを狂わせます。ホルモンバランスを崩してしまえば、気がつけば生理が何ヶ月もない……ということになりかねません。生理が止まれば排卵も起こりませんし、子宮や卵巣を弱らせる原因へとつながりますから、妊娠力が著しく低下するのは当たり前です。

だからといって、体重を増やすためにケーキを1ヶ月間食べ続けるなど、無理矢理かつ不健康に太っても、生理が戻るとは限りません。生理を取り戻すには、心の問題も大きく関係し、幸せや喜びといったプラスの働きが必要なのです。

最近では、妊娠前からダイエットを意識しすぎている妊婦さんが多くなりました。それは「赤ちゃんが産まれた後に体重が戻らないんじゃないか?」「体重を減らせなかったらどうしよう?」という不安感が原因です。そのため、妊娠前だけでなく、妊娠中にもダイエットをする人が増えました。

　また、私達、日本の産婦人科医の世界では、現代の食生活の変化に伴い、この20年程の間「妊娠時の体重増加を10キロ以下にしよう」と強く広めてきました。これが妊婦のダイエットにつながり、赤ちゃんの体重低下が問題視されています。

　実際に、妊娠中の体重増加が7キロ以下というママが多く、そのママ達から2500グラム以下の低出生体重児の赤ちゃんが産まれる割合が増えています。

　これは、他の先進国ではありえないことです。欧米では、低出生体重児で産まれた赤ちゃんたちが、将来メタボリックシンドロームになる確率が高いという事実があります。

　そして、痩せすぎだけでなく、太りすぎも問題です。脂肪が増えすぎれば、その分エストロゲンもたっぷりと蓄積されるため、生理が起こりづらくなるのです（単純性肥満といって家系的・遺伝的にふくよかな女性の場合は心配ありません）。

　妊娠するカラダをつくるには、「美容体重」ではなく「健康体重」に戻すことが基本。「痩せること」について、今のうちに考え直す必要がありそうです。

　私には30代の息子がいますが、姑の立場としては、お嫁さんは足が太くても胸が小さくても、「性格が明るくてカラダが丈夫な女性が良いわ」と思っています。

■痩せ型・肥満型のおおよその目安

痩せ型の基準		肥満型の基準	
身長	体重	身長	体重
150cm	41.0kg	150cm	57.0kg
155cm	44.5kg	155cm	60.5kg
160cm	47.5kg	160cm	64.0kg

■痩せ型・肥満型の割合

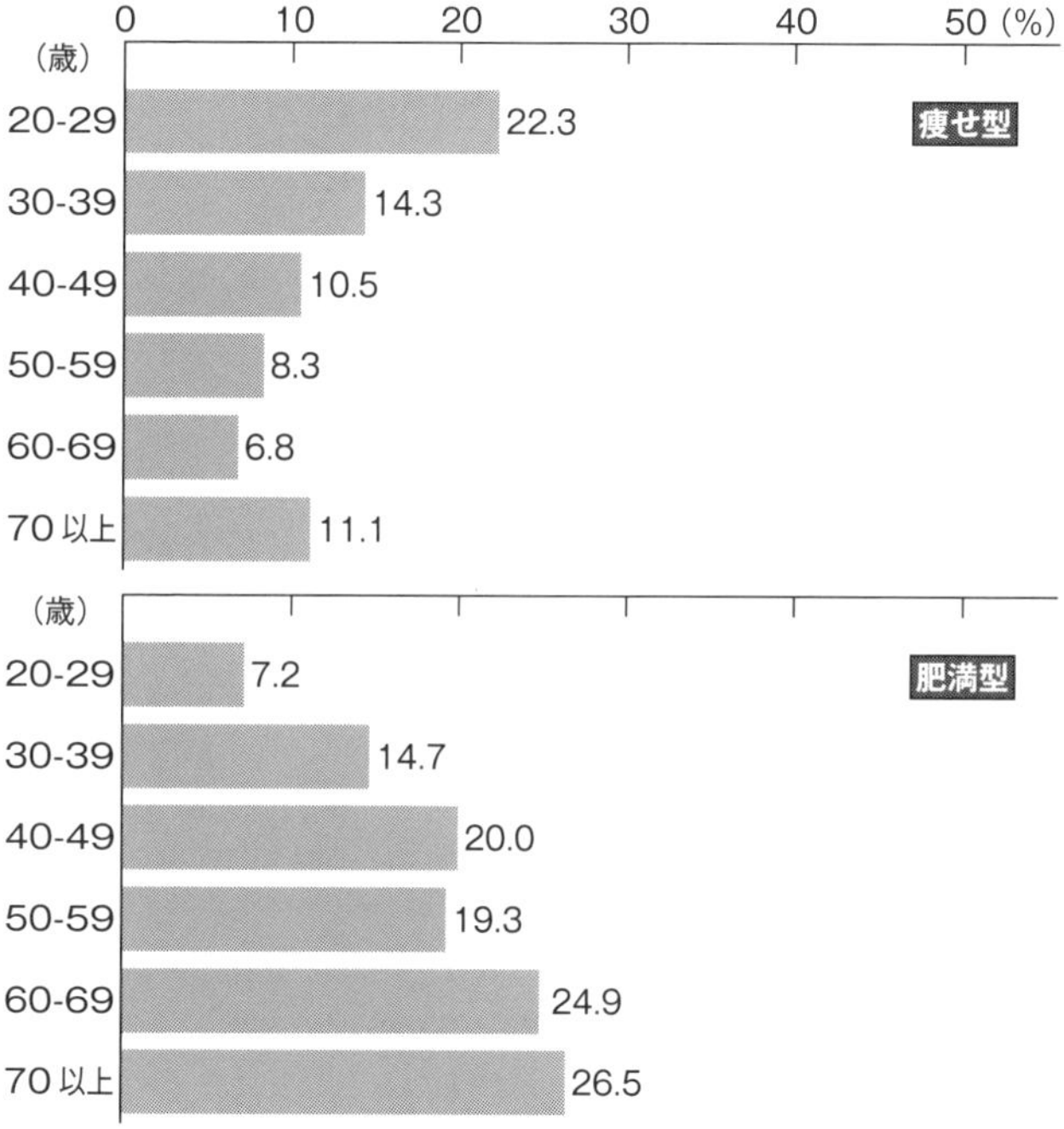

08

カラダは、あなた自身が食べたものでできています

毎日遅い時間まで働く女性は、食事の時間も量も不規則になりがち。溜まったストレスを発散するために暴飲暴食をしてしまった……という経験も一度や二度ではないかもしれません。

そんな自分をたまに許してあげることは必要ですが、それが習慣化してしまうと食生活が乱れ、健康を損ねてしまう可能性があります。

体脂肪の中にはエストロゲンがたくさん蓄積されます。そのため、脳は、女性ホルモンが大量に存在すると錯覚を起こしてしまうのです。すると、生理が起こりにくくなってしまうのです。

また、皮下脂肪は適度にあるべきですが、内臓の周りにつく内臓脂肪はＮＧです。内臓脂肪は子宮や卵巣の働きを鈍らせる要因となり、妊娠力を下げることになってしまいます。

ポイントとなるのは塩分と脂肪の取りすぎに注意して「バランスの良い食事」を心がけることです。

肉料理が好きな人でも連続してお肉を食べないとか、油ものが好きな人は油を使わない料理の日を週に１日だけでもつくるようにしたり、食べすぎた翌日は軽めの食事にして調整するなど、方法はたくさんあります。

外食の場合、主食をお米かパンと決め、それに対する副菜とメインディッシュ、最後にデザートという風に、食べる組み合わせをしっかりと意識していくこともポイントです。

注意したいのはイタリアンやフレンチのコース。特にフレンチのコースにはたいてい魚と肉がつきますが、これが大きな罠。メインディッシュは肉か魚のどちらか片方にするか、どちらも食べたいときは、一週間のなかで摂取カロリーを調整するなど、工夫するようにしましょう。

自炊をする場合ですが、働く女性は帰宅時刻も遅く、なかなかしっかり時間が取れないという人も多いでしょう。その場合は、ごはん、スープ、おひたしなど、週末や時間のあるときに、まとめて下ごしらえをして冷凍保存しておくと便利です。

自炊が難しい場合は、コンビニのお弁当やお総菜を活用するのも手です。最近では玄米や雑穀を使ったヘルシーなお弁当もありますし、しっかりとカロリー表示されていますから食べすぎも防止できます。外食よりも減塩になると思いますから、賢く取りいれてみてください。

最近では食品添加物を気にする人が増えてきましたが、添加物は直接妊娠力に影響するものではありません。摂るより摂らない方が良いに違いはありませんが、何よりも、栄養バランスの良い食事を1日3食しっかりと食べることが重要です。

また、見た目の彩りを楽しんだり、会話を楽しんだりと、心豊かな食事時間を設けることもおすすめします。

忙しい女子にオススメ！

どんな料理もおいしくなってコクが出る『フリーズにん玉』レシピ

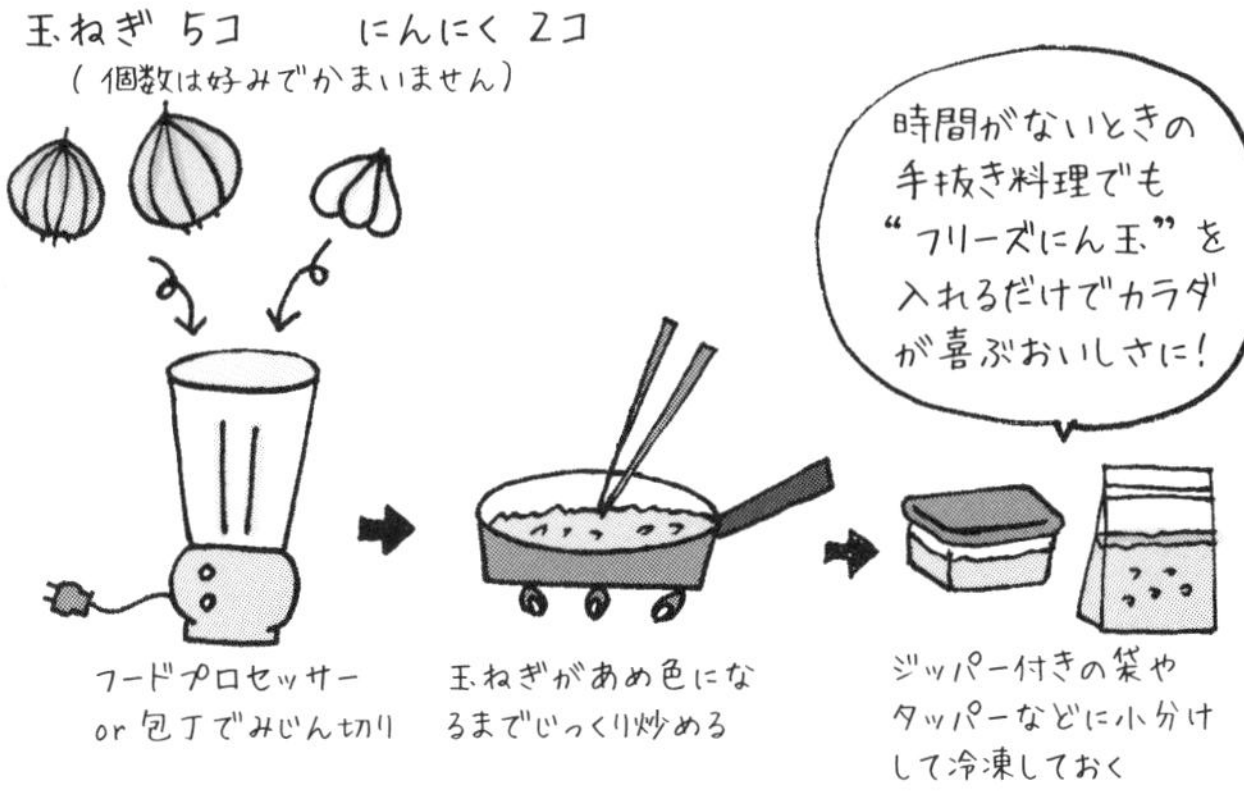
玉ねぎ 5コ
にんにく 2コ
（個数は好みでかまいません）
時間がないときの手抜き料理でも“フリーズにん玉”を入れるだけでカラダが喜ぶおいしさに！
フードプロセッサー or 包丁でみじん切り
玉ねぎがあめ色になるまでじっくり炒める
ジッパー付きの袋やタッパーなどに小分けして冷凍しておく

ダイエット食や夜食にピッタリ

“フリーズにん玉”を使ったオススメレシピ

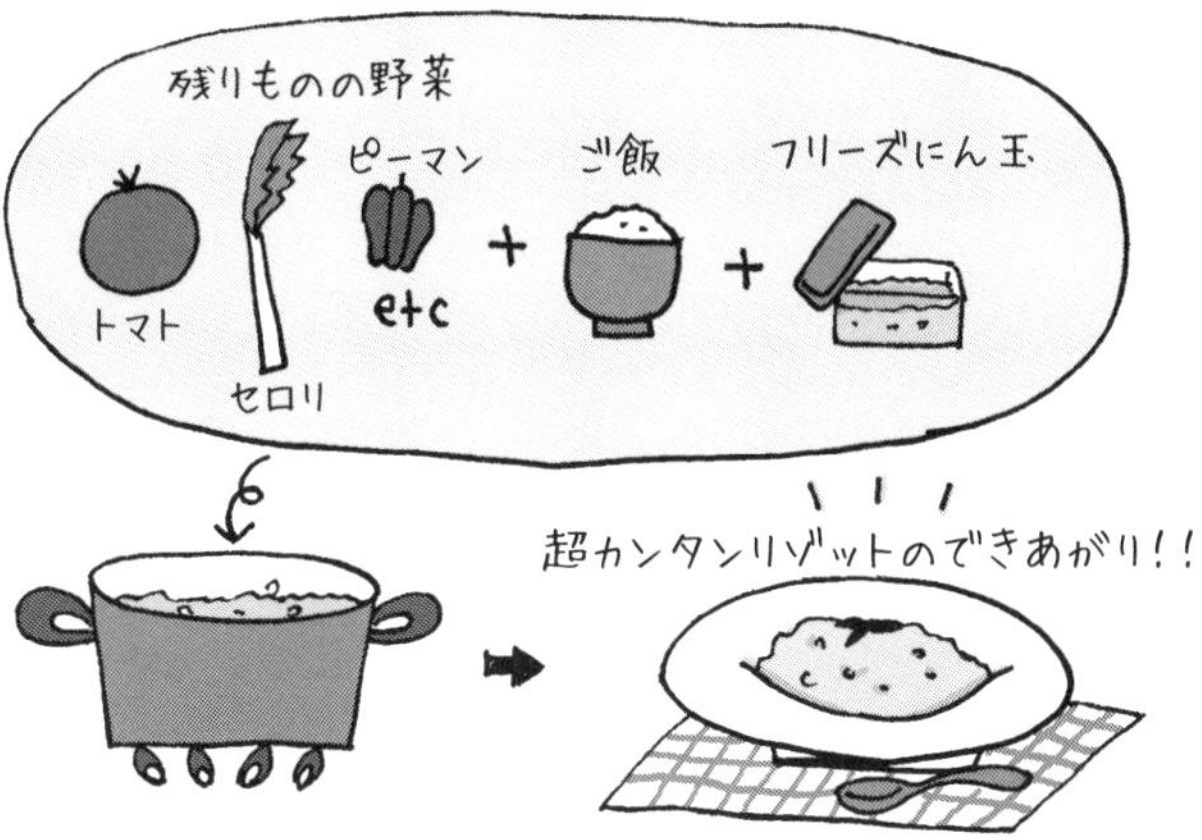
残りものの野菜
トマト
セロリ
ピーマン
etc
ご飯
フリーズにん玉
超カンタンリゾットのできあがり！！

09

あなたのパートナーは大丈夫？男性のカラダに異変アリ！

いつかは妊娠したいと思っていても、パートナーに妊娠力がなければ、自分だけ頑張っていても意味がありません。

最近多く見られるのが、「女性とセックスできない男性」です。パートナーのことは大好きですし、ちゃんと女性にも興味はある、それなのに性欲は湧いてこない……というケースです。

また、妊娠したい女性の高齢化と共にパートナーも高齢化していく傾向があります。それによって、ストレス関連疾患、メタボリックシンドローム、アルコール依存症、糖尿病、高血圧、うつ病などの疾患を持つ可能性も、20代の男性と比べて、ぐんと高まります。

このような疾患を抱えている状態では、勃起不全（ＥＤ）に陥る男性が増加するのも不思議ではありません。このように、ＥＤには身体的なことが原因のものと、本人も自覚していない意識下の悩みや不安などといった心理的なものが引き金となっているものがあり、原因を突き止めるのも大変です。

男性のメンタルケアは、女性以上に早くはじめる必要があります。一度勃起不全に陥ると、回復するまでに時間を要します。女性には、排卵や生理不順を治す薬がありますが、男性の勃起不全を治すのは難しいのが現状です。

そして、一番大きな問題は、精子の数が減っていることです。

これは、日本だけでなく世界的に問題視されています。原因には諸説ありますが、ストレスや、化学物質が体内に入ることでホルモンに影響を与える「環境ホルモン」が原因ではないか、と報告されています。

精子は毎日つくられているものですが、40代前半をすぎると量だけでなく運動率も質も低下し、50代をすぎる頃になると遺伝子の異常が起こりやすくなります。

それでは、女性が男性の危険レベルを判断するにはどうしたら良いのでしょうか。

一番はじめにチェックすべきところは、体格です。

メタボリックシンドロームの場合は健康維持にも問題があります。ただし、少しばかりぽっちゃりしていても、ストレスを溜め込んでいなければ、妊娠力をそれほど心配することはないでしょう。

次はお酒の量、たばこの本数です。特にお酒は、男性ホルモンを生み出すスピードを遅らせる原因になります。パートナーが自暴自棄になっているとか、ストレスを溜め込んでいるといった場合は、パートナーのストレスを解消できる方法を考えてみるのも良いかもしれません。

いつかパートナーとの子どもを持ちたいと思っている信頼関係の強いカップルなら、男性にブライダルチェックをすすめてみるのもひとつの手です。原因に応じた方法で治療することができます。

そのほかにも、さまざまな精密検査がありますが、多くの場合は基本検査で判断することができます。

男性のブライダルチェックは、婦人科、泌尿器科、性病科で検査を受けられます。女性医師では恥ずかしい……といった場合は、男性医師のいるクリニックを探しましょう。

■男性のブライダルチェック

基本的な検査の種類	
血液検査	Ｂ型肝炎、Ｃ型肝炎、HIV、クラミジア、梅毒などの性感染症、糖尿、貧血、脂質異常、肝臓･腎臓の機能、うつ病など、幅広く検査
尿検査	糖やたんぱく、白血球や赤血球の数を調べて、カラダの異常を検査
精液検査	精子の量と数、運動率、奇形率を検査
陰のう部エコー検査	精巣腫瘍の有無、精巣の容積を測定
ホルモン検査	血中の４種のホルモンの値を測定し、精巣機能に問題はないか、病気を抱えていないかを検査

検査内容	
問診	病歴や治療歴、性欲や勃起の状態をヒアリング
視診・触診	腹部や陰茎部を観察し、精巣の大きさや固さ、精巣上体の大きさ、精管の太さなどをチェック。腹部に手術痕がないか、精管が詰まっていないかなども確認

Column

低用量ピルを使う・止めるという選択

ピルを服用していると、避妊することができ、生理をコントロールできます。生理痛は軽くなり、ＰＭＳも軽減され、子宮内膜症などの病気になる確率も低くなります。さらに、ピルの処方を受けるために、定期的に婦人科に通えば、頻繁に検診を受けるようにもなります。

女性にとって、良いことばかりのように思えるピルですが、１つだけ大きな落とし穴があることを知って欲しいです。それは、ピルを服用し続けることで「妊娠・出産のタイミング」を逃してしまう可能性があることです。

ピルを服用しているとカラダが楽なので、産みたいと思ったときには40歳を超えてしまったという人が多いのも事実です。「赤ちゃんが欲しい」と思いはじめた頃には、卵巣機能が低下してしまっていて、妊娠が難しいカラダになってしまっていることもあります。ピルを服用するのは素晴らしい選択ですが妊娠するタイミングを逃さないように気をつけましょう。

本当は、結婚→妊娠と順番を守るのが理想的ですが、妊娠をすることがひとつの良いきっかけとなり、結婚が決まるカップルも多いです。この人とならー生一緒に生活できると確信したら、ピルを止めてみるのもひとつの選択肢です。

第2章

あなたは産めるカラダ？
妊娠力を診断

01

これまでのあなたを振り返る！

妊娠力 Check ❶…………生活習慣

第1章では、妊活に必要な基礎知識をお話しました。第2章からは、あなたの妊娠力をより具体的にチェックしてみましょう。

まずは、生活習慣。①～⑦の項目の中で、当てはまる項目が多い場合は改善の必要があります。解説ページで妊娠力への影響について詳しく説明していますので、該当箇所についてはしっかりと確認してみてください。

まずは、現状を知ることが妊活の第一歩です。

❶食生活

＊カフェインを含む飲み物を1日に10杯以上飲む

＊食べることがストレス発散になっている

▼P50へ

❷喫煙量

＊タバコを吸う

＊何度も禁煙に失敗している

▼P51へ

❸飲酒量

＊毎日お酒を飲む習慣がある

＊ウイスキーや泡盛などはロックで飲む

▼P52へ

❹性交渉

＊複数のパートナーがいる

＊パートナーが定着しない

＊避妊具を使用していない

▼P53へ

❺体脂肪率・ＢＭＩ値

＊一年の間に５kg以上の体重増減があった

＊健康診断で痩せすぎと診断された

▼P54へ

❻摂食障害の経験

＊食事をするのがおっくうだ

＊過去に過食・拒食を経験したことがある

▼P55

❶食生活　正しく食を楽しむことが大切

妊活において食べてはいけないものなどはありませんが、今から気をつけておいた方が良いことはたくさんあります。

まずはカフェインです。1日に10杯以上はちょっと飲みすぎです。カフェインを摂りすぎると利尿作用でカラダが冷えてしまいます。これでは、卵巣の血流を妨げてしまいます。適量であれば、血管を縮める作用が突然の偏頭痛に効果があり、気持ちを高めてくれますが摂りすぎには注意しましょう。

また、好き嫌いが多い人は摂取する栄養素が偏りがちです。主食と主菜副菜をバランス良く食べましょう。食事の時間が不規則な人は、夕食は就寝する4時間前には終えておきましょう。深夜の「ラーメン&半チャーハン」といった、炭水化物と脂質たっぷりの定食は御法度です。

一番気をつけたいのが、食べること＝ストレス発散というケース。友人に愚痴を聞いてもらいながら、楽しくストレス発散できる場合は心配不要ですが、場合によっては、自律神経のバランスを崩し過食症と拒食症のスパイラルに陥る可能性があります。食生活は心にもカラダにも影響を及ぼすのです。

❷喫煙量　妊娠したいなら、思い切って禁煙をはじめましょう

喫煙をする理由はイライラや眠気を解消できたり、気持ちのリフレッシュができるなど、さまざまだと思います。

女性が禁煙をしたがらない理由として多いのが、止めることで太ってしまったり、便秘になりやすくなるという話を聞くから、ということです。

禁煙をすることで、少しふっくらする人もいるかもしれません。ですが、妊娠力を高めるという点では、良い傾向です。肌の老化やシワ、たるみの改善にも有効ですし、便秘対策なら、食物繊維や乳酸菌を活用するほうが随分健康的ですよね。

現在習慣的に喫煙している人のうち、たばこをやめたいと思う人の割合は、男性35・９％、女性43・６％。前年に比べて男性は増加し、女性は変わらないというデータも出ています。

「いつかやめたい。でも、どうせ妊娠したら止めるから、今は良いかな」と、積極的に禁煙をしようとする人が少ないのです。

たばこを吸うことで血管は収縮します。すると、卵巣への血流が減少し萎縮していきます。卵巣の萎縮＝子宮の萎縮ですから、早めに禁煙するに越したことはないのです。

③飲酒量 飲酒習慣は、妊活の敵です

今後妊娠をしたいと考えている女性に「飲酒を習慣にしないようにしてください」と伝えることがあります。

飲酒も、喫煙と同じく依存性があるものだからです。

女性は男性に比べて、より少ない飲酒量、より短期間（男性の半分！）でアルコールの害を受け、アルコール依存症や肝臓障害、すい臓障害など、アルコール性の内臓疾患になってしまう可能性があります。

楽しみながら味わっているのではなく「飲まずにいられない」という精神的な部分に影響を与えてしまうのが嗜好品の怖いところです。職場の人間関係だったり、仕事がうまくいかなかったり、眠れなかったり……ということが原因で飲酒習慣を持つことは良いことではありません。

妊活世代に守って欲しいのは、週3回以上の飲酒は避け、適度な量を守ること。1日の飲酒量は、ビール中びん1本、日本酒1合、ワイン1・5杯程度を限度とすることが理想です。

❹性交渉　複数の異性との性交渉は、病気や感染症を引き起こす原因

複数のパートナーを持っている女性が、ここ数年で増加しているように思います。現代女性のかなりの数の人が、セックスを挨拶と同じレベルで、カジュアルなものとして認識しているようです。

複数のパートナーを持っていると、性感染症のリスクも高まります。また、度重なる妊娠中絶や、望まない妊娠を回避する緊急避妊薬（緊急避妊薬自体は危険なものではありません）であっても、乱用すれば妊娠力を下げる原因となります。

最近多いのが、クラミジア感染症。

この性感染症はセックスによって感染するものですが、自覚症状がほとんどありません。気づかずに放置しておけば、子宮内膜炎や卵管炎を起こして、卵管が癒《ゆ》着《ちゃく》したりと、妊娠にさまざまな弊害が生まれます。

子宮外妊娠や流産・早産を引き起こす原因にもなります。ヒトパピローマウイルスに感染してしまったら、ウィルスタイプによっては子宮頸がんを引き起こします。

ほとんどの感染症は治療で治すことができますから、妊活世代の人は早めに検査を受けましょう。

⑤体脂肪率・BMI値　多すぎても、少なすぎてもダメ

体脂肪率は体脂肪計測機能つきの体重計などで測ります。

BMI値は、身長と体重から割り出す肥満度です。「BMI指数＝体重（kg）÷{身長（m）×身長（m）}」で求められます。BMI値の判定基準は、18・5未満で「痩せ」、18・5以上25未満で「標準」、25以上30未満で「肥満」、30以上で「高度肥満」と判定します。

肥満型に多い問題は、女性ホルモンが正しく分泌しないために無排卵・無月経になることです。また、血管内の動脈硬化が進行することで、いざ妊娠したときに妊娠高血圧や妊娠糖尿病になる確率が高まります。赤ちゃんの発育が悪くなる胎盤機能障害を起こすこともあるのです。

痩せ型で問題になるのも、女性ホルモンの低下による無排卵・無月経。脂肪組織に蓄えられるはずの女性ホルモンが蓄積されないため、妊娠力を下げてしまいます。また、痩せ型のまま妊娠すると、貧血や早産になりやすく、赤ちゃんも充分に成長できません。低体重で生まれた赤ちゃんは、将来メタボリックシンドロームになる確率も高まります。妊娠力を保つには「標準的なカラダ」でいることが大切。今だけでなく、未来の自分を考えて健康に気を配りましょう。

⑥摂食障害の経験　過食症も拒食症も、妊娠力を下げます

摂食障害による体重の増減で生理が止まってしまい、一年以上に渡って治療を受けていた……という人は、繰り返さないよう対策を考える必要があります。一度でも摂食障害に陥った経験があると、いざ妊娠したときに再発する危険性が高まるからです。

これまでにお話してきたとおり、体重が減りすぎても、増えすぎても妊娠力を下げてしまいます。排卵が起こらなかったり、排卵・受精しても子宮内膜に着床できないケースも増えます。脳から卵巣へとホルモンを分泌する指令がストップすれば、卵巣や子宮の老化を助長します。自律神経のバランスが崩れるので、体調悪化にもつながります。

妊娠できたとしても、つわりによる症状悪化や妊娠高血圧症候群や妊娠糖尿病を患ってしまうことがあり、最悪の場合は切迫早流産を引き起こしてしまうこともあるのです。

しかし、過去に摂食障害の経験があっても、その後しっかりと治療して、現在は完全にクリアできている人は問題ないでしょう。また、生理が2～3回来なかった経験はあるけれどもその後は順調だ、という人も、あまり心配する必要はありません。

02

自分の生理、どのくらい知っていますか？

妊娠力 Check ❷…………生理

自分の生理を知ることで、病気や性感染症の可能性をチェックできます。気になる症状がある場合は、あれこれと悩まず、婦人科を受診してみるのが解決への近道です。

❶ 生理周期

＊生理が月に2回あったり、3ヵ月以上ないことがある
＊次回の生理がいつくるか、毎回わからない

▼P58へ

❷ 生理痛の変化

＊鎮痛剤がきかない
＊4～5年前より痛みが酷くなった

▼P59へ

❸ 経血の変化

(臭い、色、塊、4～5年前と比較)
＊いつもと違う臭いがする
＊のりの佃煮のような経血がある

▼P60へ

❹ 生理期間

＊生理が10日以上ダラダラと続く
＊ほとんど出血がないので、おりものシートで充分

▼P62へ

❺ 生理が止まった経験

＊10～20代のとき、生理が半年以上止まったことがある
＊仕事のストレスで生理が止まったことがある

▼P64へ

❶生理周期　25～38日が標準的な周期です

成熟した女性の生理周期は通常28～30日と言われています。ただし、生理周期は生活習慣やストレス、体調に左右されやすいので、毎回同じ周期とは限りません。6日程度のズレはおおむね問題ないでしょう。

ここで注意したいのが、39日以上経っても生理が来ない「稀発月経《きはつげっけい》」と、24日以内に次の生理が来る「頻発月経《ひんぱつげっけい》」です。

稀発月経が起こる原因は、排卵が起こっていないか、閉経する前ぶれがほとんどです。もちろん、妊娠している可能性も考えられます。どの場合も早めに婦人科を受診することをおすすめします。

頻発月経にも、排卵しているものと、無排卵のものがあります。主な原因は「黄《おう》体機能不全症《たいきのうふぜんしょう》」や「無排卵性周期症《むはいらんせいしゅうきしょう》」などが考えられます。

生理のリズムは、女性ホルモンがつくり出すもの。そのホルモンバランスを崩してしまうと、女性のカラダにはさまざまな問題が起こってきます。言いかえると、生理周期を正しくキープできていれば、心身ともに健康であり、妊娠できるカラダを保つことにつながります。

❷生理痛の変化　年々ひどくなっているのは危険

「鎮痛剤が増えた」「効かなくなった」という場合は、婦人科の受診が必要なレベルです。

原因は「子宮内膜症」が圧倒的に多く、「子宮筋腫」「卵巣のう腫」「性感染症による炎症」などの可能性もあります。痛みを我慢してはいけません。

多くの人は、生理が始まってから２〜３日目まで鎮痛剤を服用しているようですが、４日目をすぎても鎮痛剤を必要とするのはとても心配です。経血の量が減ってきても痛みが続く場合は何らかの病気である可能性があります。

最近婦人科では、痛みのレベルを「ＶＡＳ（Visual Analogue Scale）」というスケールを用いて判断します。痛みのレベルは人それぞれで、客観的な判断ができませんから、自身が感じた痛みレベルを記録するのに役立ちます。

痛みを的確に評価することは、行った治療の効果を判定する上で不可欠なのです。

③経血の変化　急激な色の変化は不正出血を疑え！

医学的には、生理以外の出血は全て「不正出血」と呼びます。不正出血にはホルモンの変動によるものと、子宮の病気によるものがあります。いずれにしても、重大な病気が隠れている可能性がありますので、放っておくのは心配です。

不正出血の原因は、病院で検査をしてみないとわからないものですから、「おかしいなぁ」と思ったら婦人科を受診しましょう。

また、年齢によって経血の状態も変化します。30代の半ばぐらいから血液が固まりやすくなります。赤かった血液が少しずつ黒っぽくなっていたり、塊が多くなっている場合は、経過を観察します。

しかし、その感じ方はそれぞれですから、何か気になることがある場合や、変化があった場合は検査を受けてみると安心です。

前月までは何の変化もなかったのに、「のりの佃煮のような経血」があったり、「カーキ色」「茶色っぽい」「黒っぽい」といった場合は、病気が隠れている可能性があります。

不正出血の原因として比較的多いのは「子宮頸《しきゅうけい》がんポリープ」「子宮筋腫《しきゅうきんしゅ》」「子

■不正出血の状態によって疑われる主な病名

状態	病名						
	卵巣機能不全	子宮頸管ポリープ	子宮膣部びらん	子宮筋腫	子宮内膜症	子宮頸がん	子宮体がん
月経と月経の間の出血	●			●		●	●
セックス後の出血		●	●			●	●
月経が止まらない	●	●		●	●	●	●
突然の大量出血		●		●		●	●
不定期の出血	●	●	●	●		●	●

宮内膜症」「膣炎《ちつえん》」です。

　これから妊娠するつもりのない人であれば、治療はせずに病気と上手くお付き合いすることも選択肢として考えられます。

　しかし、いつかは子どもを産みたい女性の場合、これらの病気はすぐに治療をはじめる必要があります。

④生理期間　短かすぎるのも長すぎるのも考えもの

女性の多くが一度や二度は感じたことがある生理の悩み。特に多いのは、生理が短すぎたり長すぎたり……というケースです。

通常の生理は4～7日ですが、8日以上続く場合は「過長月経《かちょうげっけい》」、1～2日で終わってしまう場合は「過短月経《かたんげっけい》」と言います。どちらの場合も、病気が隠れている可能性があります。

過長月経は、出血量に関係なく10日以上ダラダラと続く生理です。この場合は何らかの異常が起きていることが考えられます。無排卵性の出血の場合は、半月近く続くのが特徴で、普段から周期が定まっていない人に多く見られます。

正常な生理に戻すためには、排卵誘発剤《ゆうはつざい》などで正しく排卵が起きるようにすれば治ります。

また、子宮筋腫《きんしゅ》や子宮がんなどが原因の場合もあります。生理の期間がだんだん長くなってきたという場合は早めに検査を受けましょう。

そして、過長月経は出血量の多い「過多月経《かたげっけい》」を伴うことが多いのも特徴です。ナプキンをこまめに交換するなど、気を付けていても下着を汚してしまうような場合は注意が必要です。子宮筋腫や子宮内膜症などの病気が原因の場合も考えられま

■正しい月経期間と量

	日数	経血量	ナプキン使用の目安	考えられる要因
正常な月経	４～７日	100ml前後	１つのナプキンを数時間使用してもいっぱいにならない	—
過長・過多月経	８日以上	150ml以上	通常のナプキンでは１時間以上もたない	子宮筋腫、子宮内膜症、子宮内膜ポリープ、重複子宮、子宮体がん、腺筋症、高血圧、甲状腺の病気、若年性更年期など
過短・過小月経	１～２日	20～30ml	ナプキンが必要なく、おりもの用シートで充分	子宮発育不全、子宮内膜癒着、甲状腺の病気、無排卵、黄体機能不全など

すから、我慢しないで早めに婦人科を受診しましょう。

過短月経の場合は、生理の日数が少ないので出血量が少ない「過少月経」でもあることがほとんどです。

原因は、子宮が充分に発達していない「子宮発育不全」や、子宮内膜が癒着を起こしてしまう「アッシャーマン症候群」などが考えられます。

卵巣に機能不全があれば治療を行いますが、妊娠に影響がなければ、経過を観察していくことが多いです。

そのほか、「子宮筋腫」「子宮内膜症」「チョコレートのう腫」などの可能性もあります。

自分で判断するのではなく、専門家に診断してもらいましょう。

⑤生理が止まった経験 ラクだからといって、放置しないで

生理を起こすには、卵巣から出る女性ホルモン、エストロゲンとプロゲステロンの両方のバランスが取れていることが必要です。

生理が止まる原因はこれまでに説明してきましたが、特に痩せすぎによる生理の停止が気になります。体重が5キロ減って生理が止まったという人は軽症。10キロ以上のいわゆる「激痩せ」の場合は重度だと考えられます。

ですが、半年以内の生理の停止で、その後正常に戻っていれば、あまり問題ないでしょう。逆に、生理が止まったり、不順だったり……と繰り返している場合は、妊娠力にかかわる異常な状態です。

以前、25歳で生理が止まってから10年間も放置してきた人がいました。生理が止まってしまったのは、痩せすぎが原因でした。

途中で数回ほどホルモン治療を行ったのですが、途中で治療を中断するなど、しっかりと受診しなかったこともあり、やっぱり生理や排卵が戻らない……。

この人は仕事柄、体重を増やすことができない状況でしたが、妊娠するためには、体重を標準値に戻してライフスタイルを改善する必要がありした。

もっとも、10年間の無月経は、子宮・卵巣ともに萎縮して機能が低下している可能性が高く、治療は難航が予想されます。

生理が止まって「生理痛もないし、ラクで良いかも……」と放置するのは考えものです。

03

その症状、妊娠力を下げています！

妊娠力 Check ❸…………病気

現代はストレスが多く、生活習慣も不規則になりがちです。自覚症状がなくても、30代半ばをすぎればカラダのあちらこちらにトラブルが隠れている可能性があります。妊娠を望むなら、心配事を全てクリアしておくことをおすすめします。

❶婦人科系疾患

＊細菌性の膣炎
＊カンジダ膣炎
＊クラミジア
＊トリコモナス膣炎
＊淋病

▼P68へ

❷慢性疾患

＊糖尿病
＊高血圧
＊腎疾患
＊子宮筋腫・子宮内膜症
＊子宮頸がん
＊甲状腺疾患（バセドウ病、橋本病）
＊風疹
＊はしか

＊歯周病
＊そのほか（開腹手術、抗がん剤服用）

▼P70へ

①婦人科系疾患　精子が子宮に届かない可能性大

細菌性の膣炎、カンジダ膣炎、クラミジア膣炎、トリコモナス膣炎、淋病。

これらの病気は、膣から子宮頸管→子宮内膜→卵管→卵巣→腹膜→骨盤と、炎症をカラダの奥まで波及させてしまう可能性があります。

このような炎症をカラダに広げないようにするため、膣は自浄作用を高めます。これによって、おりものの状態にも変化が出てきます。おりものの状態と症状を左の表にまとめましたので、ひとつの目安にしてください。

しかし、実際に検査をしなければ、何の病気なのか明確にはわかりません。普段よりもおりものの量が多い、色が変わった、臭いが強いなどの変化が現れた場合には、婦人科を受診しましょう。特にクラミジアなどは症状が現れにくく、感染したとしても気付かないままになっている人が多いのが現状です。長い間放っておくと不妊症の原因になり、最終的には赤ちゃんへ感染する病気もあります。

そもそも、病気を持った状態ではパートナーとのセックスができませんし、炎症を起こしている状態では精子が子宮に進入することも難しくなります。

婦人科系疾患は特別なものではなく、誰でも感染する可能性のあるものという意識を持って、定期的に検査をするように心がけましょう。

■妊娠力に影響を与える病気

状態	病名			
	カンジダ膣炎	トリコモナス膣炎	クラミジア膣炎	淋病
おりものの状態	白色で、おからかカッテージチーズのようにポロポロしている	黄色や黄緑色をしていて泡状、悪臭が強い	黄色味を帯びている	黄色、または茶褐色で膿性
症状	膣や外陰部の腫れ、ただれ、かゆみが生じる	膣や外陰部に強いかゆみが生じる	おりものが少し増える程度で自覚症状が少ない	膣に炎症が生じる
妊娠力への影響	胎児に産道感染することもある	感染が卵管におよぶと不妊や流・早産の誘因になる	不妊の原因や流・早産の誘因になることもある	炎症が卵管におよぶと不妊症の原因になることもある
セックス時の自覚症状	性交のよる痛みや不快感が現れる		性交痛・腹痛・不正出血が現れる	

❷ 慢性疾患　妊娠する前に解決を

糖尿病、高血圧、腎疾患などの内科系疾患は、投薬等でのコントロールが必要になることがほとんどで、コントロールができていなければ妊娠に適しません。特に腎疾患、慢性ネフローゼ症候群などの腎臓の循環器系にかかわる疾患は、赤ちゃんが授かったとしても、妊娠を止められることもあります。バセドー病、橋本病などの甲状腺疾患は、流産率の上昇など、妊娠力にも影響を与えます。また、不妊症の50％近くを占める、子宮内膜症や子宮筋腫も早期発見・早期治療に越したことはありません。

そして、意外に知られていないのが風疹《ふうしん》と歯周病です。妊娠20週までに風疹に感染すると、風疹ウイルスが赤ちゃんに悪影響を与え、先天性白内障、先天性心疾患、聴覚障害などを起こす確率が高いのです。法改正により風疹ワクチンを受けていなかった世代もありますので、早めに抗体を調べましょう。妊娠力に一見関係なさそうな歯周病も、放置すると未熟児出産や早産といったリスクが高まると言われています。さらに、妊娠中に歯がボロボロになってしまうと、上手にいきむことができなくなるので、出産に支障をきたす可能性もあります。

妊活世代の女性は健康診断を受け、妊娠する前に治療を終えておくことをおすすめします。

■妊娠する前に治しておきたい疾患

病名	妊娠への影響
糖尿病	早産・低体重、新生児期の合併症が起こる
高血圧	妊娠高血圧症候群を起こすリスクが高くなる。35 歳以上は注意が必要
腎疾患	腎機能に異常がある場合、母体の生命に危険が及ぶことがある
子宮筋腫・子宮内膜症	不妊症の原因になる
子宮頸がん	進行すれば子宮全摘出を行う必要や、放射線や薬を使った治療が必要
甲状腺疾患（バセドウ病、橋本病）	体重が減って、生理が止まってしまう
風疹・はしか	先天性風疹症候群（白内障、先天性心疾患、難聴）などが懸念される
歯周病	未熟児出産や早産などの可能性がある

04

妊娠力を知るための検診あれこれ

妊娠・出産は今すぐには難しくても、30代後半をむかえたら受けておきたいのが「プレママチェック」です。

今や大半の婦人科で導入されている、総合的な妊娠力を調べる検査です。

いつでも安心して妊娠できるよう、全身くまなくチェックしておきましょう。

子宮頸がん検診や感染症検査は一年に1回は受けておくのが理想的です。

❶婦人科検診

＊子宮・卵巣の経腟超音波検査〈エコー検査〉

エコー検査とは、超音波を発信してそこから返ってくるエコー（反射波）を受信し、コンピュータ処理で画像化して診断する検査。膣内にプローブという細長い探触子《たんしょくし》を入れ、子宮と卵巣の大きさや形、位置、周囲との癒着の有無などを調べる

【検査でわかること】…卵巣のう腫、子宮内膜症、子宮筋腫、排卵の時期、月経周期

＊子宮頸がん検診〈内診、エコー検査〉

子宮頸部を軽くこすり、おりものを採取し、顕微鏡で見て調べる。HPV、カンジダ膣炎、トリコモナス膣炎などの診断にもつながる

【検査でわかること】…子宮頸がん、カンジダ膣炎、トリコモナス膣炎

＊AMH（抗ミュラー管ホルモン）検査

AMHは、卵胞から分泌されるホルモンを血中から算出する。この数値から卵巣の機能の一部を調べることが可能

【検査でわかること】…推定卵巣年齢

❷乳房検診

＊**マンモグラフィ**

乳腺のX線撮影。乳房を片方ずつ透明の板で挟み、押しつぶした状態で撮影する

【検査でわかること】…乳がん、良性乳腺腫瘍

❸STD検査

＊**クラミジア抗体・抗原検査**

血液を採取し、クラミジアに対する抗体を検査。膣分泌物や尿から抗原の検査も可能

【放っておくと】…不妊症になる危険性あり

＊**淋病**

症状が軽く、気づきにくい疾患。感染したと思われる部位の分泌液を検査

【放っておくと】…卵管、卵巣、骨盤内に広がり、骨盤内感染症を引き起こす。卵管が詰まって不妊症を引き起こす

＊細菌性膣炎・カンジダ膣炎・トリコモナス膣炎

膣や外陰部の診察と、おりものを顕微鏡で観察、または培養しての検査。膣錠か内服薬を使う

【放っておくと】…性交痛、膣からの出血、不妊症

❹血液検査

＊貧血検査

血液中の赤血球値（ＲＢＧ）、ヘモグロビン（Ｈｂ）、ヘマトクリット（Ｈｔ）という３つの値を検査

【検査でわかること】…貧血があれば子宮筋腫などの病気も疑う

＊肝機能、腎機能、脂質代謝検査

妊娠前に肝機能、腎機能、脂質代謝が低下していると、妊娠合併症をおこしやすくなる

【検査でわかること】…妊娠高血圧症候群、急性妊娠性脂肪肝などをはじめとする妊娠合併症を起こす可能性

＊**風疹抗体価検査**

妊娠初期〜中期に風疹にかかってしまうと、胎児の心臓病や難聴、白内障などを引き起こす原因になる

【検査でわかること】…風疹に対する免疫の有無

＊**はしか抗体検査**

母体が消耗するため流産・早産率が上がることがある

【検査でわかること】…はしかに対しての免疫の有無

＊**ヘルペス抗体価（ＩｇＧ）**

妊婦が分娩時に性器ヘルペスを発症していると、産道感染により新生児ヘルペスを患う危険性がある。赤ちゃんの死亡率は15〜57％と高い

【検査でわかること】…母体に性器ヘルペスの病変が認められれば帝王切開による娩出が行われることもある

そのほか、腫瘍マーカー（卵巣、内膜症マーカー）、ＣＡ１２５、ＣＡ１９－９、ムンプス、水ぼうそう抗体検査、Ｂ型肝炎、Ｃ型肝炎、ＨＩＶなどの検査も受けておくことをおすすめします。

風疹の予防接種を受けていない世代がある⁉

　法改正により、昭和54～62年生まれの人の約半数以上は、風疹の予防接種を受けていない可能性があります。

　できれば妊娠前に風疹抗体を持っているかどうかを検査し、もし抗体を持っていない場合にはあらかじめ予防接種を受けておきましょう。

　パートナーにも受けてもらう方が良いでしょう。

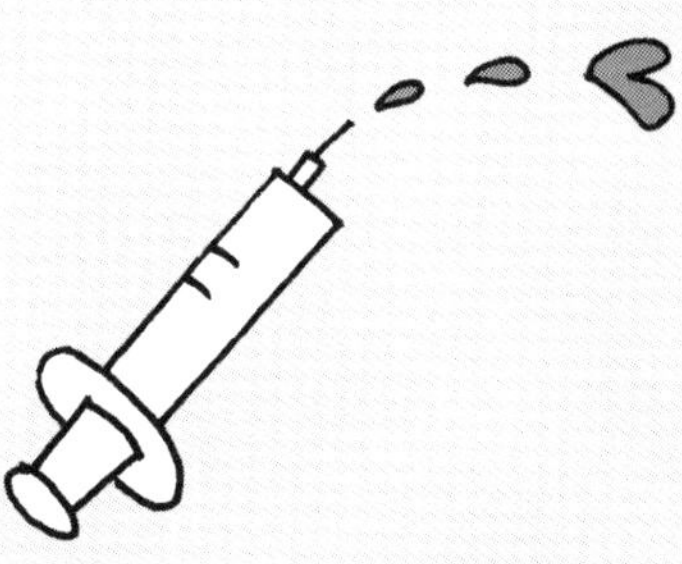

Column

服用している薬による妊娠力

妊娠前に服用しており、妊娠がわかった時点ですぐに服用を止めるのであれば、妊娠後に影響が現れる薬は今のところありません。

継続的に服用しなければならない薬がある場合、妊娠したことがわかったら、主治医に相談して、妊娠後も服用できる種類の薬に切り替えたり、場合によっては服薬を止めたりすることが多いようです。ただし、妊娠前でも、抗がん剤や免《めん》疫抑制剤《えきよくせいざい》のような薬には注意が必要です。心配な場合はいち早く主治医に相談しましょう。

万が一、妊娠に気づかないで服用してしまった場合、あるいは妊娠してから飲んでしまった薬は、①薬の名前、②量、③飲んだ日にちをどこかに書き出しておき、専門外来に相談しましょう。

相談できるのは「妊娠と薬外来」を設けている病院か、厚生労働省の事業として2005年10月より開設の「妊娠と薬情報センター」です。

生まれてくる赤ちゃんの催《さい》奇《き》形性《けいせい》の確率を知ることができます。妊娠と薬情報センターでは、ホームページからダウンロードした問診票を送付して相談することができます。忙しい女性にはとても便利です。

第3章

産みたいときに産む！
ための妊娠力が高まる６つの習慣

01

カラダの冷えを徹底退治！

冷えは、万病の元。心臓から下の血流が悪くなれば、古い血液が体内に滞ってしまいます。カラダ全体の臓器の機能低下を引き起こしかねませんし、それが卵巣にまで影響を及ぼせば、卵巣の血流が悪くなり、機能低下につながります。どんなに良い卵子を持っていても、卵巣機能が働かなくなり、子宮の機能低下を引き起こします。

生理が止まってしまう可能性もありますので、注意が必要です。

まず、私たちが気をつけたいのは、被服生活です。
冷え性を自覚している人には、流行のミニスカートやショートパンツを生足ではくのは控えて欲しいところです。レギンスやストッキングなどでしっかりと覆うのが理想です。血流を妨げるきつめのガードルや補正下着も避けましょう。
「私、とても寒がりなんです……」と言いながら、肌見せをしていたり、薄着の人が多いのも気になります。まずは、自分の生活習慣を客観的に見つめ直すところからはじめなければなりません。

室内環境にも気を配りましょう。特に夏場の冷房は冷えを助長させる原因ですから、温度は下げすぎないように注意します。長時間のデスクワーク、足を組む習慣、運動不足なども下半身の冷えにつながります。こまめにストレッチを取り入れましょう。

もちろん、食生活も大切です。コーヒーや水などの冷たい飲み物を大量に摂ったり、カラダを冷やす食材を摂りすぎると、どんどんカラダが冷えていきます。

暑い夏は、ビールやジュースが美味しい季節ですが、冷たい飲み物を摂ってばかりいると腎臓の負担になってしまいます。

冷たいスイーツや果物なども魅力的ですが、これらもカラダを冷やす原因です。スイーツに含まれる砂糖は、カラダを冷やす作用がありますから、摂りすぎることのないようしっかりとコントロールしましょう。

盲点となりがちなのは睡眠時。特に夏場はかいた汗が冷えるのと同時に体温も奪っていきます。せめて腹部だけは冷やさないよう、パジャマはズボンに入れて眠りましょう。

＊冷えを引き起こす生活習慣

❶薄着、肌見せ
❷運動不足
❸冷房
❹冷たい飲み物（ビール、お茶、水）
❺カラダを冷やす食べ物（スイーツ、夏の果物・野菜）
❻睡眠時の環境

＊冷えが引き起こす症状

❶血流障害が全身・内臓に及んで無排卵、無月経になる
　不正出血などの卵巣機能の低下
❷月経痛、下腹痛
❸頻尿、膀胱炎
❹便秘、下痢
❺免疫力の低下
❻むくみ

＊冷え を解消する５つの習慣＊

① 下着などを身に着けて、肌が直接外気に触れないように気をつける

② 五本指ソックス

③ 根菜類を積極的に摂る

④ 薬味（しょうが）などで工夫し、温かい食事を摂る

⑤ ストレッチ

02

朝の太陽の光を浴びて、体内の時差を調整しよう

朝起きて太陽の光を浴びることとは、妊活世代におすすめしたい習慣です。それは、ストレスを解消して健康なカラダをつくってくれるからです。

人のカラダの体内時計は「サーカディアンリズム」といって、もともと25時間で設定されています。これを24時間へと修正してくれるのが朝の太陽の光です。体内時計を毎日修正できれば、神経伝達物質「セロトニン」の分泌が正しく行われるので、心とカラダのバランスを整えるのに役立ちます。

逆に、セロトニンが不足すると精神のバランスが崩れて、うつっぽくなったり、イライラしたりします。それればかりでなく、自律神経のバランスが乱れることで体調を悪化させたり、ひどい場合は生理が止まってしまい、子宮や卵巣機能の低下につながるのです。

サーカディアンリズムを修正するためには、まずは平日の過ごし方に注意しまし

ょう。夜遅くまで仕事をしたり、同僚と朝まで語り明かしたり、お友達とお食事に行って帰宅が深夜になったりと、生活リズムを狂わせた日の翌日は、早く帰宅しましょう。

そして、いつもの時間どおりに眠って翌朝は早起きをし、いち早く正しい時差に戻すよう心がけましょう。

平日の睡眠不足を調整しようとする人に多いのが「土日の寝だめ」です。１週間分の睡眠不足を取り返そうと寝だめすると、逆にカラダに疲れが溜まってしまい、体調不良を起こしてしまうのです。

例えば金曜夜から土曜の朝まで眠らずに遊んで帰宅し、土曜は昼までずっと眠るとします。お昼にブランチを食べてみるものの、カラダがだるくてパジャマのままでゴロゴロ……。体力を消耗しないままに過ごし、夜中には映画を観て、次に目が覚めたら日曜の夜。

サーカディアンリズムを意識しない休日を送っていると、自律神経のバランスを崩してしまいます。

そもそも、現在週休二日制になっている学校・企業が多い理由は、平日に生み出した時差を土日で修正するという目的もあるのです。30代も半ばになれば、金銭や生活に余裕が出てきて、趣味に旅行に飲み会に……と充実させたくなる気持ちもわかりますが、サーカディアンリズムを崩してしまうと、体調悪化の一途をたどるしかありません。

なかには、日勤と夜勤に分かれた仕事に就いている人もいると思います。その場合は、週の始まりを「日勤からスタートする」ことをおすすめします。「日勤→準夜勤→深夜夜勤」など、朝にスタートラインを合わせて、時差をできるだけ早く修正し足並みを揃えていけば、サーカディアンリズムをうまくコントロールすることができます。

朝の太陽を浴びることは、心身に健康をもたらすセレモニーです。毎日コツコツと積み重ねて、「いつでも産めるカラダ」をキープしておきましょう。

03

ストレスと上手に付き合う精神力を身につける

私たちのカラダは、カラダの働きを調整する「自律神経系」、ホルモンの分泌を調整する「内分泌系《ないぶんぴつけい》」、外部から侵入する異物からカラダを守る「免疫系」の3つのバランスを保つことで、健康な心身を保っています。この3つのバランスを「ホメオスターシス（恒常性《こうじょうせい》）」と言い、環境に適応し、安定させるために備わったカラダの大切な機能です。そして、これを脳の「視床下部《ししょうかぶ》」がつかさどっています。

このホメオスターシスを狂わせる原因のひとつが、ストレスです。ストレスを溜め込んでしまうと、心ばかりか、カラダの異常まで引き起こしてしまいます。内分泌系に悪影響が及んだ場合、生命の維持に直接かかわりにくい卵巣機能が最初にダメージを受けます。ですから、ストレスとは上手に付き合っていく必要があるのです。

人間の脳には、女性ホルモンをコントロールし、本能や五感、性欲、食欲、睡眠

ストレスを緩和するヒント

- 朝早く起きて、朝の光を浴びる
- 朝食、昼食は規則正しく摂る
- 10時、3時のおやつで息抜きをする
- 夕食は夜9時までに軽めに摂る
- アフターファイブは友達とおしゃべりする
- 帰宅後は、自分時間を充実させる（リラクゼーション、入浴）
- 質の良い眠り

欲などをつかさどる「視床下部」と、合理的で分析的な思考や、言語機能をつかさどる学びの脳「大脳新皮質《だいのうしんひしつ》」があります。

私は、前者を感性が豊かな「はなちゃん」、後者を学びの脳であることから「マナブくん」と呼んでいます。

健康な人の脳は、はなちゃんとマナブくんの「キャッチボール」がうまくいっていますから、自律神経が乱れることなく健全な精神を保つことができます。

しかし、ひとたびこのバランスが崩れてしまうと、喜びや悲しみといった感情の部分が欠落してしまうばかりか、女性ホルモンの分泌をピタリと止めてしまうこともあるのです。

誰だって、批判や中傷をされれば落ち込みます。もちろん、私もそうです。怒られただ

ストレスでマナブくんばかりが機能すると……

ふたりのバランスがとれていると……

けでも、そのときには多少なりとも絶望感を感じるものです。

そういった状態の中で「ストレスに負けない」ように努めるよりは、リラックスしたり、嫌なことを一瞬でも忘れられる時間があれば良いのかな……と思うのです。

ストレスから逃げることが許されるなら逃げれば良いと思いますし、誰かが背負ってくれるなら、さっと重い荷物を渡してしまえば良いと思います。それができない場合は、頑張るべきところと、全てを忘れてリフレッシュすべきところをしっかりと分けましょう（そう簡単なことではありませんが……）。

オンとオフの線引きをきっちりすることで、溜めたストレスをその都度リセットするのです。

ストレスの多い現代だからこそ、「負けないようにする」のではなく、ストレスと仲良く付き合っていくことが必要でしょう。

04

骨盤底筋を鍛えよう

骨盤底筋は、骨盤の下にあるハンモック状の筋肉群です。膀胱、子宮、直腸などの腹部臓器を支えていて、筋肉にゆるみができると、尿もれ、尿意の切迫感など、さまざまな障害が起こります。実はこの筋肉を鍛えることで、さまざまなメリットがあるのです。

まずは、股関節が柔軟になることで、いざ赤ちゃんを産むときにスムーズになりやすいということです。

出産のとき、赤ちゃんは頭を下にして、子宮から骨盤の間を通って出てきます。その際、股関節の柔軟性に欠けていると、骨盤が開かず赤ちゃんがうまく出てこられないことがあります。

また、出産後1週間ぐらいは、尿失禁、切迫尿失禁、腹圧性尿失禁が起こりますが、骨盤底筋をあらかじめ鍛えておくと出産後の回復が早くなります。

振り子エクササイズ

3つのステップで股関節を柔らかくし、骨盤底筋を鍛えます

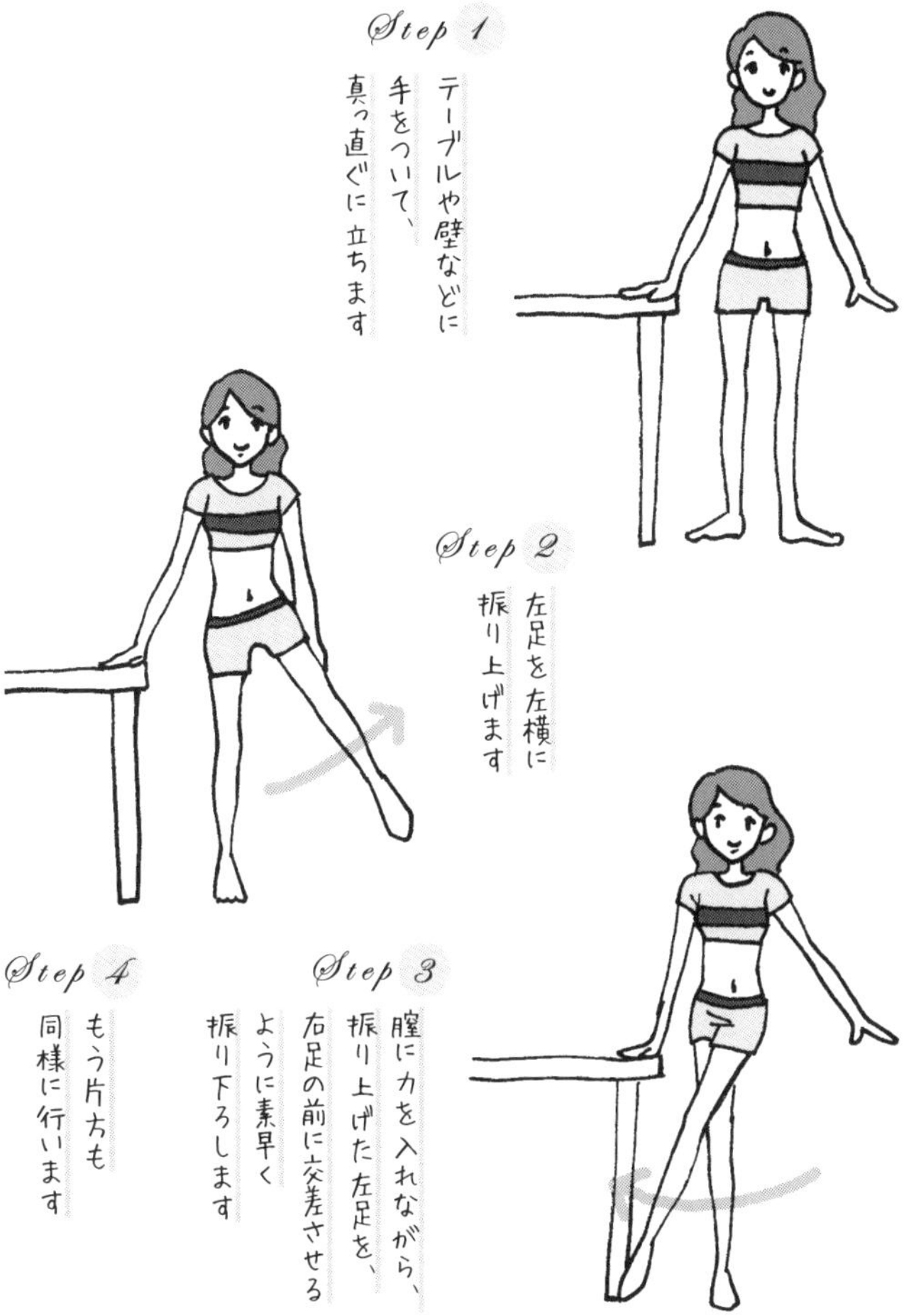
Step 1
テーブルや壁などに
手をついて、
真っ直ぐに立ちます
Step 2
左足を左横に
振り上げます
Step 3
膣に力を入れながら、
振り上げた左足を、
右足の前に交差させる
ように素早く
振り下ろします
Step 4
もう片方も
同様に行います

特に股関節が固い人は、今から徐々に柔らかくしておきましょう。

ふたつ目は、子宮や卵巣周辺の血流が良くなることです。老化にともなって子宮や卵巣が萎縮するのを防ぐ効果もあります。

更にもうひとつの利点は、セックスのときにパートナーが喜んでくれるようになることです。骨盤底筋にある「肛門括約筋《こうもんかつやくきん》」「尿道括約筋《にょうどうかつやくきん》」は膣の入り口で交差しているもので、トレーニングをすることによって膣の引き締める力をアップすることができるようになります。

もちろん、パートナーだけでなくあなた自身の感度も上がるので、一石二鳥です。

骨盤底筋は、肥満や妊娠、さらに加齢によって、ゆるみやすくなります。

ゆるんでから回復させるのは、なかなか大変です。パートナーのためにも、将来の出産のためにも今すぐトレーニングをはじめましょう。

その他にも、仰向けで寝転ぶか、椅子に座った姿勢で、肛門の周りの筋肉を10～15秒間ギュッと締めて、ゆるませる方法があります。これは10回繰り返します。

座ってエクササイズ・寝転びエクササイズ

その他、オフィスの休憩時間や就寝前など、
ちょっとした時間を利用して骨盤底筋を鍛えましょう

座ってエクササイズ

①椅子に深く座り、背もたれに寄りかかります
②そのまま 10 ～ 15 秒間、膣を入り口から引き上げるイメージで、力を入れます
③その後しばらくリラックスします。これを 10 回繰り返します

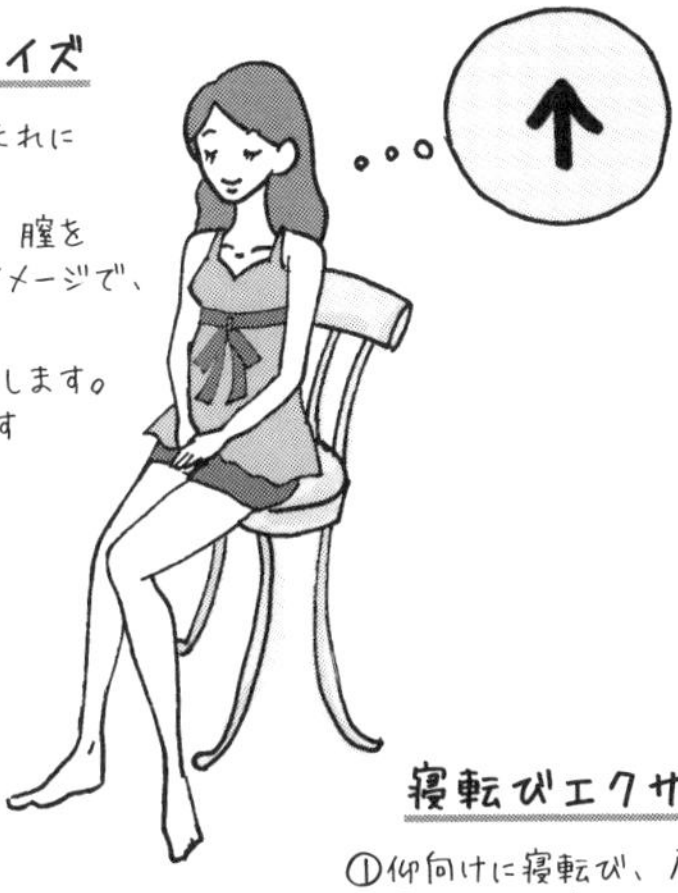

寝転びエクササイズ

①仰向けに寝転び、肩幅くらいに足を開いて膝を曲げます
②「座ってエクササイズ」同様、そのまま 10 ～ 15 秒間、膣を入り口から引き上げるイメージで、力を入れます
③その後しばらくリラックスします。これを 10 回繰り返します

その他、骨盤底筋が鍛えられるエクササイズ

・ヨガ
・ピラティス
・ベリーダンス

05

妊活世代が食べたい食材

肉と魚、緑黄色野菜、たんぱく質、脂肪、炭水化物……程良いバランスの食事が理想的です。

あまり知られていませんが、「葉酸」は妊娠前から摂っておきたい栄養成分です。緑黄色野菜に多く含まれるビタミンB群の一種で、新しい赤血球をつくり出すために必要なもので「造血のビタミン」とも言われています。人間のカラダを構成している1つ1つの細胞が分裂・増殖する際に重要な働きもしているのです。そして、DNAの生成・修正にも大きくかかわっており、細胞の生成に不可欠な栄養素でもあります。葉酸をしっかりと摂っておけば、流産や早産、赤ちゃんの神経管閉《しんけいかんへい》鎖障害《さしょうがい》などの先天性異常のリスクを低減することができるので、妊娠を考えた1ヶ月前から妊娠3ヶ月までは摂るようにすすめています。

実際、妊娠してから役立つということだけでなく、常日頃から摂取することでも利点がたくさん生まれます。身近なところだと、貧血、口内炎、じんましん、がん

■葉酸のはたらきと摂取量

葉酸を特に摂取したい人
貧血気味の人、飲酒量が多い人、ピルを飲んでいる人、野菜嫌いの人、妊娠を考えている人、妊婦、授乳中の人

葉酸のはたらき		
	葉酸の作用	不足すると起こりやすい症状
通常時及び妊娠・出産前後	口内炎の炎症予防、皮膚を健やかに保つ、貧血を防ぐ、病気への抵抗力がつく	皮膚のシミ、神経過敏・うつ症状、だるさ・貧血、動悸・息切れ、食欲不振・胃潰瘍
妊娠・出産時	胎児や乳幼児の発育の助けとなる、母乳の出が良くなる	胎児の脳形成不全

年代別葉酸摂取量

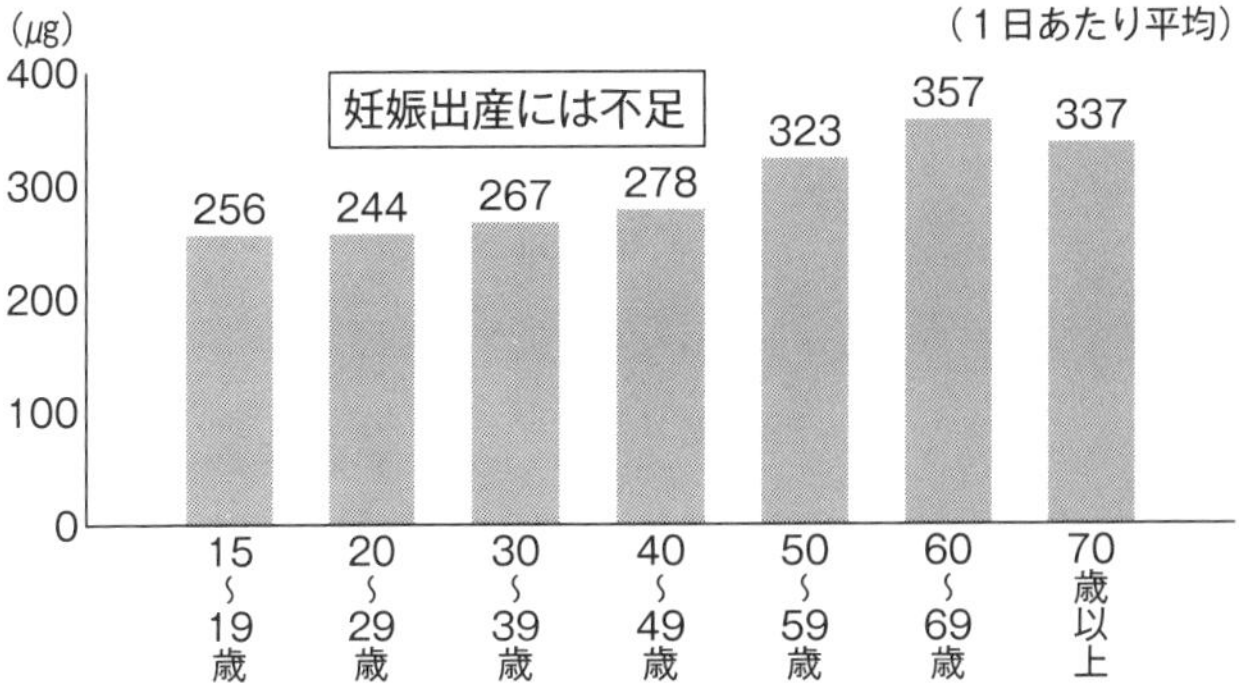

妊婦の1日あたりの推奨摂取量は480μg（マイクログラム）

の予防に役立ちます。また、ハッピーホルモンと呼ばれる「セロトニン」をつくり出す手助けもします。

難点なのは、毎日の食事で必要基準量を摂ることです。葉酸は、水に溶けるのが特徴なので、洗っただけでもかなり溶け出してしまいます。さらに、熱を加えると50％以上消失し、光に弱いのも難点です。例えば、今日買ってきたほうれん草を明日に持ち越すだけで、かなりの葉酸が消失しています。洗えばビタミンCが溶け出してしまいますし、お湯で茹でると元の量の半分以下になります。どれだけ意識して野菜を摂っても、必要量にまで到達しないのです。そこでおすすめしたいのは、サプリメントで必要量を毎日補給することです。ふだんの食事にプラスして1日400μgを摂ることが推奨されています。日本以外の先進国では、かなり前から「食事で補いきれない葉酸は、サプリメントで補う」ようになっています。

サプリメントで摂る際に必ず守って欲しいのが「適量を摂ること」です。日本人は「摂ったほうが良い」と聞くと、そればかりを摂ってしまう傾向にあります。

葉酸は適量であれば健康に良いものですが、摂りすぎた場合は発熱やじんましんなどを起こしたり、生まれた子どもがぜんそくになったりするといったリスクがありますから、注意しましょう。

■葉酸を多く含む食品と含有量の目安

食品名	目安量	分量（g）	葉酸（μg）
鶏レバー※		50	650
牛レバー※		50	500
豚レバー※		50	405
パッションフルーツ（果汁）	１カップ	200	172
からし菜	１本	50	155
みずかけ菜		60	144
ほうれん草	２株	60	126
グリーンアスパラガス	３本	60	114
しゅんぎく	３株	60	114
ブロッコリー	２房	50	105
ぜんまい	５本	50	105
わらび	５本	75	98
たか菜	２株	50	90
アボカド	１/２個	100	84
マンゴー	１/２個	90	76
いちご	中５粒	75	68
ふきのとう	２個	40	64
調整豆乳	１カップ	200	62
大豆（乾）	１/５カップ	26	60
納豆	中１パック	50	60
パパイヤ（完熟）	１/２個	130	57
そらまめ（乾）	１/５カップ	22	57
カリフラワー	３房	60	56
大豆もやし	１カップ	60	51
白菜	中葉１枚	80	49
さつまいも	中１/２本	100	49
日本かぼちゃ	4cm角２切	60	48
チンゲン菜	１株	70	46
オレンジ（ネーブル）	中１個	130	44
くり	大３個	60	44
夏みかん	大１個	160	40
あまのり（焼）	１袋（５枚入）	2	38

※各種レバーについてはビタミンＡが摂取過剰になる可能性あり

06

婦人科検診を1年に一度受診して身も心も美しく

「一度クラミジアの検査をして陰性だったから、もう大丈夫」と、そう思っている人は多いのではないでしょうか。実はこれ、大きな間違いです。同じパートナー、もしくは異なるパートナーとでも、検査後にセックスをしていれば、いつだって感染の可能性があります。

数年前の検査結果で安心しているのは、少々不安です。1年に一度は、がん検診と同じように検査しておいた方が良いでしょう。

最近、こんな困った人がいました。その女性は以前クラミジアの検査を受けていたのですが、半年経ってようやく検査の結果を聞きに来院されました。検査の結果、クラミジアに感染していることがわかったので、それを伝えると「え？　全然症状はないのですが、それでも治療しないとだめですか？」という反応でした。クラミジアは、自覚症状がないのがほとんどですが、ひとたび感染してしまえば、薬での

■性行為の活発化による感染症の増加

日本の性感染症発生率

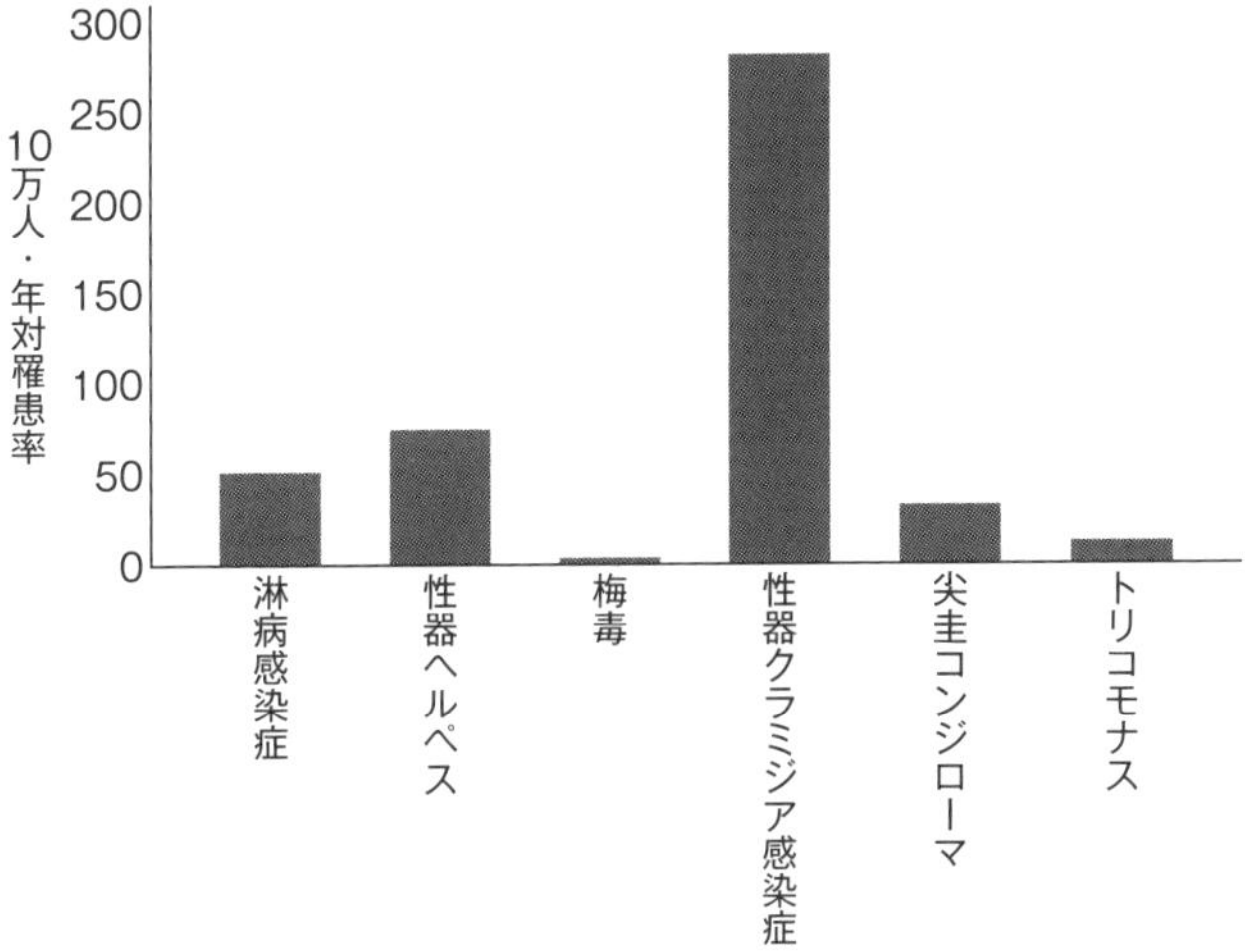

今のパートナーの過去を知っていますか？

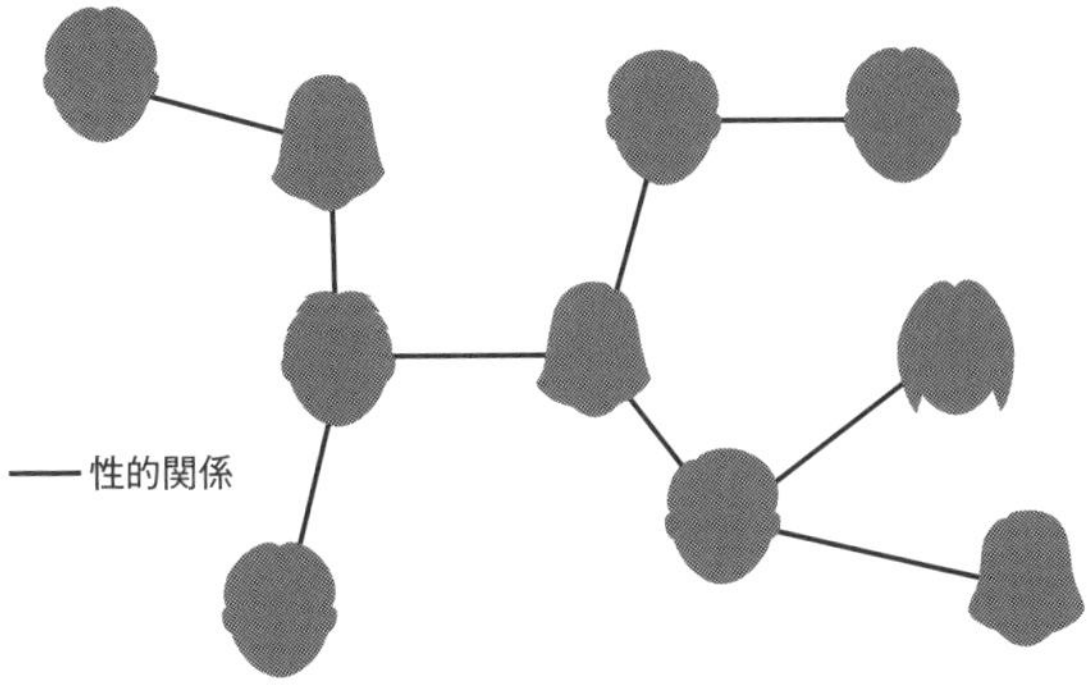

今のパートナーは大丈夫でも、安心とは言い切れません。

治療は必須です。

このように、クラミジアやＨＩＶなどの性感染症は無症状のものも少なくありません。

特に注意して欲しいのは、ピルを飲んでいる女性です。ピルを服用していると妊娠する可能性が低いため、セックスのときにコンドームを使用しない人も多いのです。

ピルは避妊に効果があり、子宮内膜症などの病気の治療が可能ですが、性感染症を防ぐことはできません。どの女性も、性感染の予防のためにコンドームを使用しましょう。

１年に一度は性感染症の検査を受けるように習慣づけ、パートナーが変わった場合にも、早めに検査しましょう。

性感染症以外にチェックしておきたいのは、婦人科系の病気です。

一般的にがんになりやすい年齢は40歳以降ですが、最近では発症年齢の低年齢化が問題になっています。

子宮がんになる人は妊活世代に多く、命は助かっても子宮を失うケースがあります。

特に、子宮頸がんは、セックスで感染する「ヒトパピローマウイルス」との関係が明確になっていますので、1度でもセックスの経験がある女性なら、この病気のリスクを持っています。

初体験の年齢が低い人、喫煙者や複数のパートナーを持つ人は、子宮頸がんのリスクが高まりますので、十分に注意しましょう。

また、月経不順、ホルモンの乱れがある人をはじめ、肥満、高血圧、糖尿病、高脂血症の人は、子宮体がんのリスクが高くなります。

年齢を重ねるにつれて背負うリスクも増えていきます。決して人ごとではありません。1年に一度は自分のカラダと向き合って、しっかりとしたメンテナンスを心がけましょう。

Column

中絶や流産を繰り返していると……

流産の原因が、子宮の奇形や筋腫など、子宮そのものに問題があって流産を繰り返してしまう場合は、着床が難しかったり、習慣性流産になったりする場合があります。また、クラミジアなどの感染症が原因の場合もあります。

残念ながら中絶を選択する場合、子宮の中を耳かきと同じような形のさじを使って掻爬《そうは》手術（子宮内の内容物を取り去る手術）や吸引手術を行います。見えない場所を手探りで進めていくので、子宮内が傷ついたり、傷ついた場所から感染を起こしやすくなる可能性があります。さらに中絶を繰り返すことによって、傷ついた場所に着床しやすくなることもあります。その結果流産を繰り返したり、前置胎盤を起こしてしまうといったことも考えられます。

なお、一度は着床したものの、着床直後に流れてしまう場合は「化学流産」と言いますが、これはここでいう流産としてカウントしません。流産は妊娠初期ほど多く、受精の直後、知らない間に起きていることが多いのです。普段から基礎体温をつけておくと診断に役立ちます。

第4章

良いセックスが、良い夫婦、良い妊娠・出産につながる

01

セックスでキレイになる？セックスと女性ホルモンの関係

いくつになってもキレイでありたいと願う女性は多いものです。女性の美しさは、外見のみならず、内臓の内側の活力までもが反映されます。

内側の活力とは内臓の働きやホルモン分泌のことを言い、肌質、色ツヤ、シミ、しわ、くすみ、目の輝きなどに大きく影響するものです。

セックスは「女性ホルモンを高めて、女性の魅力を高めてくれる」と良くいわれますが、女性ホルモンが増えるということではありませんし、単にセックスをするだけでも意味がありません。

心から信頼できるパートナーであることが大前提にあり、パートナーの体温を感じ、臭いをかぎ、声を聞き、キスをすることによる「心地よい気分」が、女性ホルモンの分泌を高めていくのです。

セックスにより、快い刺激を脳に送れば送るほど、自律神経の動きが活性化し、全身のホルモン分泌がよりスムーズに行われるようになります。内臓や血液の循環も良くなりますから、肌の潤いのもとになるコラーゲンの生成も促されて、肌がしっとりとしてキレイになります。

年齢を重ねることで滞りがちな肌のターンオーバーが正常に行われるようになれば、シミ、シワ、くすみなども改善されて、美肌が手に入ります。

もちろん、好きな人の前で裸になるわけですから、ボディラインにも無意識に気を遣うようになります。セックスのチャンスがある人は、清潔で魅力的な下着を身につけ、カラダのすみずみのケアも怠らないでしょう。

セックスは、信頼できるパートナーとお互いの存在価値を認め合い、心と心のつながりを感じるもの。五感をフルに使ってセックスすれば、リラクゼーション効果が生まれるでしょうし、ストレスにも打たれ強くなります。

さらには、性欲が満たされることで、食欲を抑制して過食を防ぐこともあるようです。

ホルモンの活性化は、セックスだけに限りません。気のおけない友人と話したり、メイクで美しくなったり、おいしいものを食べても同じ。欲求が満たされたり、快感を得られたりしたときの満足感は、心身のコンディションを活性化させ、ホルモンの分泌を高めてくれるのです。

犬や猫などのペットを飼うことで精神を安定させるという話もありますから、これも、ホルモン分泌に役立ちます。

セックスという行為の有無にかかわらず、女性ホルモンのバランスを整えるためには、心と脳に刺激を送り続ける「かきくけこ」、か…感動する、き…興味を持つ、く…工夫をする、け…健気に生きる、こ…好奇心を持つ・恋をする、の実践をおすすめします。

年齢を重ねても美しい人は、女性であることを忘れず、毎日をイキイキと過ごしている人に多いように感じています。

■心と脳に刺激を送り続ける「か・き・く・け・こ」

・感動……自然や絵画、映画など、さまざまなものに触れて感動を忘れない

・興味……スポーツや英会話教室など、これまでに興味を持てなかったことにチャレンジしてみる

・工夫……より毎日が楽しくなるよう、生活環境やアフターファイブを充実させてみる

・健気……いつでも健気に、謙虚な姿勢を忘れずに過ごす

・好奇心、恋……パートナーに好奇心を持ち、新たに発見した一面に恋をする

02

男性と女性の性欲には違いがあることを心得て

人間の性には「男」「女」「妊婦」の3つの性があります。男性はオギャーッと生まれてから死ぬまで「男」の性で過ごします。女性は「女」として生まれますが、初潮が始まるといつでも妊娠できる「妊婦」の性が加わります。生理が始まって閉経するまでの間、妊娠・出産があろうがなかろうが、女と妊婦を行ったり来たりして、閉経すれば「女」という性に戻ります。

男性と女性の性欲は、それぞれの役割にふさわしい働きをするよう、DNAに組み込まれています。

女性の性欲が高まるのは、生物学的に「排卵日前後」と言われています。卵胞ホルモン（エストロゲン）が優位な状態になる時期に、女性の性欲はピークをむかえます。心身の機能も美しさも高まり、男性を受け入れる態勢が整う時期です。肌の保湿力が高まり、精神的にイライラすることもなく、おしとやかでいられ

■ホルモンの変化

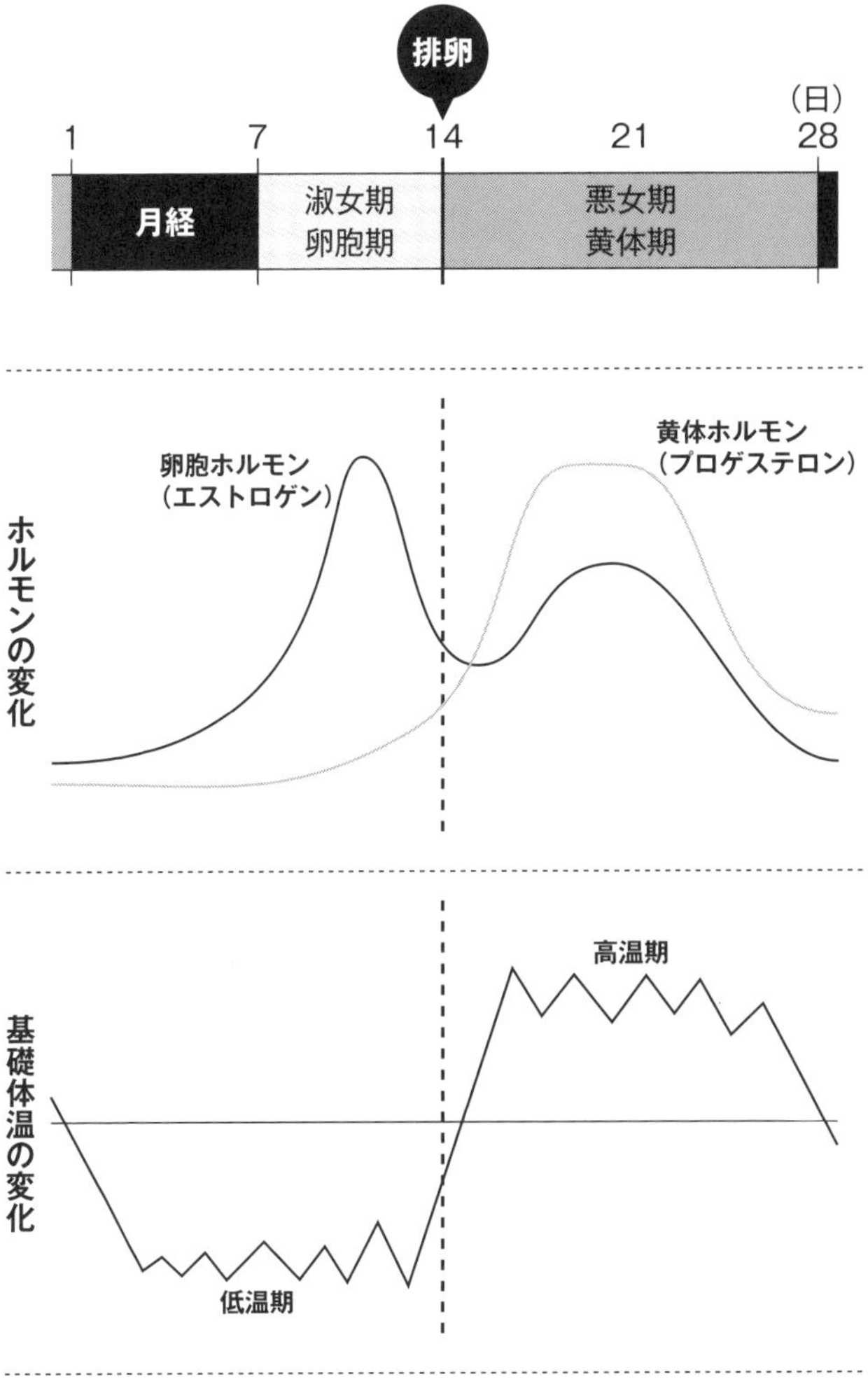
排卵
(日)
1
7
14
21
28
月経
淑女期
卵胞期
悪女期
黄体期
ホルモンの変化
卵胞ホルモン
(エストロゲン)
黄体ホルモン
(プロゲステロン)
基礎体温の変化
高温期
低温期

るいわば「淑女期」と言えます。

日本人女性であれば慎ましいという言葉がピッタリです。膣の分泌物も潤滑になりますし、刺激を敏感に感じられる時期ですので、相手からの誘いを慎ましく受け入れられるようになっています。

しかしながら、私たちは子孫繁栄のためだけにセックスをするわけではありません。排卵期をむかえ、黄体ホルモン（プロゲステロン）がピークに達し、その後減少し、ＰＭＳの時期をむかえます。生理が始まるまでは、イライラしたり精神的に落ち込んだりするので、ストレス解消のために性欲が高まる場合もあります。この時期を「悪女期」と呼んでいます。また、妊娠の可能性が少ない生理前に、性欲がピークに達することもあります。

このように、性欲の高まりは人それぞれです。３６５日、いつでも「したい気分」になるのです。


男性の性欲の源は主に精巣から分泌される男性ホルモンです。精子は精巣で絶え間なくつくり続けられるため、精巣での蓄積量が増えると、自然に射精欲が起こります。

そういった生理的な要因とは異なりますが、女性のヌードや洋服、セクシーなことを連想されるものを見たときなども同じ。視覚的な刺激が大脳に伝わり、視床下部から性的衝動を起こす信号が出るのです。

また、セックスによる反応は、女性も男性も興奮期、上昇期、オーガズム期、消退期の４つの段階がありますが、女性の場合はその境界があいまいです。

最初は男女ともに交感神経が高まって、徐々に性的興奮のピークをむかえます。交感神経とは、活動中や緊張・ストレスを感じているときに働く神経です。男性がオーガズムをむかえる数分は、ハードなエアロビクスをしているかのような、無酸素運動状態。射精した後は、すぐに副交感神経に切り替わります。副交感神経は、休息やリラックスの神経ですから、脱力し、睡魔が襲ってくることもあります。これが、女性から「セックスが終わると冷たくなる」と感じる理由なのです。

女性の場合は、ゆっくりと時間をかけてオーガズムに達し、またゆっくりと副交感神経に切り替わっていきます。しかも１回のセックスで何度でもオーガズムを感じることが可能なのです。

このように、男女のカラダには明確な違いがあります。性欲のメカニズムを理解すれば、パートナーとのセックスをより良いものへと育むことができるでしょう。

03

セックスにはコミュニケーションが必要！

ＳＮＳやメールが発達してきた現代、言いたいことを面と向かって言い合うカップルが減ってきました。

たとえ、相手に言いたいことがあっても、面倒臭いことはできれば口にしないで「セックスさえできれば良い」というコミュニケーション不足のカップルが増えています。

コミュニケーション不足のカップルの場合、一緒に食事をしていて「今日の味付けはしょっぱいんじゃない？」と指摘されたときに、その言動だけを捉えて「文句があるなら食べないでよ！」とケンカになってしまうのではないでしょうか。

逆に、しっかりコミュニケーションを取ることができているカップルの場合は、相手を良く理解して尊重し合っているため、ささいなことでケンカにはなりませんし、揚げ足取りにもなりません。

「そうだね、ちょっと塩を入れすぎちゃったかなぁ」と、笑って済ますことができ、

コミュニケーションがとれている場合

コミュニケーションがとれていない場合

いつまでも良い関係を保つことができます。

セックスもそれと同じで、普段からコミュニケーションを取っているカップルと、そうでないカップルでは、質が違うのです。

それはなぜかというと、セックスは、お互いを尊重して受け入れることが必要な行為だからです。

日本人のカップルにおいて問題視しているのは、女性が受け身であり、して欲しいことを口に出さない傾向にあること。

あなたも、「あとちょっとで気持ちよくなるのに……」「あまり気持ちよくないけど、雰囲気を盛り下げないように我慢しよう」と思ったことは一度や二度ではないのではないでしょうか。

そのときに起こったことは、その場で伝えて改善するのがベスト。

このときに役立つのが普段のコミュニケーションです。セックスの質を上げ、心から快感を得るためには、自分の希望を正直に伝えることが必要です。

時々、パートナーには嫌われたくないから、自分の希望は言えないけれど、どうでも良いセックスフレンドには遠慮なく言える……という人がいるようです。

これでは、セックスでキレイになることも、セックス自体の質を上げることもできません。

本当に好きなパートナーだからこそ、さらにコミュニケーションの質を上げるように努力しましょう。

それが、自分自身の幸せにつながると思います。

04

男性にNOが言えない？こんなセックスが妊娠力を下げています

「セックスは、男性が求めて女性が応えるもの」というのが、昔の日本人の常識でした。セックスは赤ちゃんをつくるためにするもので、夫婦のコミュニケーションだと考えられていなかった時代です。

女性が愛されていることを確かめる場ではありましたが、男性のアクションからはじまり、男性の射精で終わるもので、女性にとって快楽を得るものではなかったようです。

しかしながら、この10～20年で女性のマスターベーションやオーガズムが話題になりはじめ、女性がセックスの場におけるイニシアチブを握るのも当たり前の時代になってきました。前の項目でお話したように、セックスはお互いを受け入れる行為です。パートナーを信頼しているのならば、次のような妊娠力を下げるセックスを求められても「ＮＯ」と断りましょう。

それが、あなた自身の魅力にもつながります。

❶生理中のセックス

生理中のセックスは、流れ出てくる経血を子宮卵管へと逆流させてしまいます。それによって感染を起こしたり、子宮内膜症などの病気を引き起こす可能性があります。

また、生理の最後の方になると、早い人では排卵が起こっている場合があります。精子は最長で一週間生き残りますから、望まない妊娠をしてしまう可能性がありま す。生理中は控えておくのが安全です。

❷不衛生なセックス

気候の良い季節になると、ついつい盛り上がって戸外で……ということがあると思います。これも、できるだけ控えたいところです。

砂浜や海の家などは砂が膣の中に入り込み、後々まで傷が残ってしまう場合があるのです。もっとも、挿入する男性も痛みを生じるでしょう。

また、アナルセックスも注意が必要です。最近では膣と肛門を交互に出し入れするようなセックスをする人も増えています。

肛門はそもそもセックスをするためにつくられていませんし、大腸菌が子宮の中に入り込んでしまったり、そのほかのウイルスに感染する恐れもあります。

「ＮＯ」と言うのがベストですが、どうしても……という場合は、コンドームは必ず使って、両方同時ではなく、どちらか片方といった対策を取りましょう。

不衛生なセックスを繰り返していると、慢性膀胱炎や尿道炎などに加え、高熱を伴うリスクも高まります。

❸複数の男性とのセックス

年齢を重ねて倦怠期にある夫婦が、相手を交換してスワッピングをするというのは時々聞く話です。

妊活世代でも、パートナーが２、３人いるという性感染症で来院した人が、人数分の治療薬を求めてくる場合もあります。

また、妊娠が判って受診した人が、受精した日を明確にしたがる人がいました。ご主人との子どもなのか、セックスフレンドとの子どもなのかを確認したかったそうです。

これは、珍しいケースではなく、ごく普通の女性にも多い話です。

今は、72時間以内に服用することで妊娠を回避する「緊急避妊薬®ノルレボ」がありますから、心配な場合はできるだけ早めに婦人科を受診しましょう。

❹道具を使ったセックス

膣粘膜が傷ついて出血することがあります。

私が実際に目にしたのは、ペンが膣の中で折れたり、化粧品の小さなサンプルボトルがすっぽり入ってしまったり、小さな人形が入って取り出せなくなったというケースです。

単２の大きな乾電池はどこにも引っかかりがなく、取り出すのに苦労しました。ナス、きゅうりなどの野菜もＮＧ。これも、膣粘膜を傷つける可能性がありますし、折れて膣の中に残ってしまうこともあります。

何か道具を使用する場合は、専用のバイブレーターであっても、不潔にしていてはダメです。雑菌によってトラブルが起こる可能性がありますから、必ずコンドームを併用するようにしてください。

05

セックスレスにならないために、なってしまったときは？

30代半ばをすぎると、付き合いはじめや若い頃とは異なり、性欲も精力も次第に落ちてきます。これは当たり前のことです。それに加えて近年では「セックスは嫌、煩わしい」と感じている人も増えています。

30代男性では、40％近くもセックスは面倒だと思っているという統計データが出ています。コミュニケーションを取るのが煩わしいので、それだったらマスターベーションで処理した方が楽で良いという考えに至るのでしょう。

女性も、仕事が忙しくてセックスどころではないという人が増えています。夜遅くまで働いてクタクタになって帰宅すれば、睡眠時間を優先したくなります。男性からセックスを求められても、「疲れているから、今日はごめんなさい」と言ってしまう女性が増えているのも理解できます。

セックスをする機会が減少していくなかで、セックスレスにならないようにするためには、やはり工夫や努力が必要です。最低限、女性としてパートナーの心を惹きつけて放さないようにしておくのです。

例えば、パートナーが知らないあなただけの世界をつくること。特に、行動範囲の狭い人やあまり他人との交流がない人は、考え方の柔軟性も失ってしまいがちです。

新しいことをはじめたら、それに伴って新しい人間関係が生まれ、外出する機会も増えることでしょう。

「何だか最近楽しそうだな……」と思わせたり、ときにはつかみどころのない女性を演じてみたりするのも効果的です。

また、パートナーにとって魅力的な自分でいるために、前述の自律神経の働きを活発にする「かきくけこ」が役立ちます。

普段からのボディタッチも有効です。ボディタッチは相手の五感＝ハートを刺激する効果があるからです。

例えば、お茶を出すときにも後ろから抱きついてみたり、お出かけ前には必ずキスやハグをしたり、会話しながら手に触れたりと、普段のさりげない行為のなかで相手と触れ合っておくことが重要です。

謝る言葉ひとつを取っても、「ごめんなさい」ではなく「ごめんね〜♥」と腕をつかみながら、少し甘え気味に謝ってみるのです。


万が一、セックスレスになってしまった場合は、セクシーな映画を一緒に観てみたり、お風呂に一緒に入る機会を設けてみたりと、さりげなく気分が高まるように努めてみるのもひとつの手です。

結婚しているカップルの場合は、セックスを再開させるチャンスを逃さないよう、寝室は必ず一緒にしましょう。

また、前述の骨盤底筋を鍛えるトレーニングも効果的。パートナーをコントロールすることも大事ですが、あなた自身が変化を遂げることも大切。

男性の行動を待つのではなく、女性の方から積極的に行動することが必要なのです。

第5章

Q&A

Q&A
先生、私たまにタバコを吸ったりするんですけど～
……
先生
私の未来の子どもはどんな前世だったんでしょうか
……。
それは…
占い師さんにきいた方が

Q1 不安と気恥ずかしさで婦人科を受診したことがありません。婦人科検診ではどのようなことをするのですか？

A

婦人科検診では主に次の4つの検査を行います。

①問診……普段の生理のことやおりものの状態、妊娠の既往、たばこ、お酒についてのヒアリングを、医師から受けます。

②内診……子宮や卵巣の状態を知るための検査です。電動内診台に腰掛けた状態で、外陰部の異常がないかを目視でチェックしたり、膣に膣鏡を挿入して膣内と子宮口を観察したり、指を入れておなかの上から手で触れることで、子宮の大きさや動きなどを調べたりします。このとき、細胞を綿棒で採取して膣細胞検査を行ったり、おりものを採取して性感染症の有無などをチェックします。

③超音波検査……エコーと呼ばれる検査。膣に細い器械を挿入して子宮の中の状態を確認します。

④血液検査……血液を注射器で採取し、ホルモン値や、貧血、肝臓、腎臓などの疾患を検査します。

事前に用意しておくことは、最終月経日と月経の周期を書き出すこと。また、血縁の家族の病気がわかるとベターです。

服装は、ゆったりしたギャザースカートがおすすめ。場合によっては乳房を見たりすることもあるので、ワンピースではなく上下が分かれている服装が良いでしょう。時々、膣の中をビデで洗浄して来院される人がいらっしゃいますが、それは避けてください。おりものの状態や膣の状態など、普段の状態を診察するためです。生理中の検診は多くの婦人科では問題ないと思いますが、できれば出血量が少ないときにしましょう。

がん検診のときはセックスを4日ほど控えてください。性交後は出血が混ざっていたり、炎症性の細胞が出たりと、正しい検査ができないこともあります。

婦人科検診は、受けてみるとあっという間に終わるものです。恥ずかしがらず受診してみてください。

Q2

喫煙者です。子どもをつくるどのくらい前までに止めたら良いのでしょうか？

A

タバコは、血管を収縮させて、卵巣機能障害や冷えを引き起こす原因になります。それだけにとどまらず、全身の機能障害にもつながりますから、妊娠したいという気持ちがあるのであれば、できるだけ早めに禁煙して欲しいです。最低でも妊娠の3ヵ月前には止めておきましょう。

妊娠力を高めるためには、女性ホルモンがバランスよく分泌されることが重要です。妊娠力の低下が心配な30代半ばをすぎても、喫煙を続けているのは賛成できません。

また、個人差はありますが、喫煙によってシミやシワなどの肌の老化も進みます。実年齢より老けて見えてしまう原因ともなるのですから、パートナー募集中の人は特に禁煙に励みましょう。

カラダの内外の両方のために、禁煙にトライしてください。

Q3

男性との経験がほとんどありません。経験人数は妊娠に関係がありますか？

A

男性経験の数と妊娠は何の関係もありません。その証拠に昔は、男性との経験を持たないまま結婚をし、はじめてのセックスで妊娠するということがよくありました。

今はむしろ、経験が多い人のほうが性感染症などの病気になっている可能性が高く、危険性が増します。

ただし、30代後半まで一度もセックスの経験がなかったり、5年、6年とセックスする機会がなかった場合は、緊張などから性交時の痛みにつながる可能性が高くなり、リラックスできずセックスレスになってしまうケースもあります。

いつか結婚して妊娠したいと願う人であれば、骨盤底筋のトレーニングやヨガなど、カラダを柔らかくしておくように心がけると良いでしょう。また、恋をしたり、ドキドキしたりという感情を忘れないようにすることも大切です。

Q4 デスクワークで腰痛持ち。妊娠しにくいと聞いたのですが……？

A

デスクワークの仕事だから妊娠しにくく、営業職だから妊娠しやすいといったことはありません。

ただし、デスクワークの必須アイテムとなるパソコンからは「電磁波」が出ています。この電磁派は、流産・早産を引き起こす可能性もあると言われていて、カラダには良いものではありません。

また、デスクワークでも人と交わる仕事をしていれば、相づちを打ったり、雑談が入ったりして、適度にリラックスできます。しかし、パソコンの前に座って人とのコミュニケーションを要しない仕事だと、仕事をこなすことばかりに集中してしまい、息抜きの時間を忘れてしまいがちです。急激なダメージにはなりませんが、毎日単調な仕事ばかりで、上司からの無言の圧力、先輩からのプレッシャー、迫り来る納期などといった、さまざまな精神的な緊張を強いられていると、ストレスを蓄積する原因となります。

さらには、無意識のうちに足を組んでしまったり、背中が猫背になったりと、骨の状態も悪くなりがちです。骨盤の血流を悪くするので、卵巣の健康に影響を与えてしまう可能性があります。

仕事のスタイルにかかわらず、ある程度の時間が経過したら、ストレッチをしたり、トイレに行くなどカラダを動かすようにしましょう。

また、10時と3時のおやつタイムはしっかりとキープしてください。同僚とおしゃべりをして笑ったり、お茶を飲んだりすることで副交感神経が優位になってリラックスできます。

意外に重要なのが、まばたきです。緊張しているとまばたきを忘れてしまいます。普段から意識的にまばたきをするよう心がけてみてください。

Q5 妊娠を望む女性が積極的に摂っておくべき栄養成分ってありますか？

A

妊娠を望む女性に摂っていただきたい成分は、葉酸、ビタミンA群、B群、活性酸素を抑えるビタミンC。便秘が気になる人だと食物繊維、イライラしがちな人は気持ちを静めるカルシウムもおすすめです。

ビタミンA群……赤ちゃんが重要な器官を形成していく時期に必要な成分。摂取は1日に5000IUまで

ビタミンB群（葉酸を除く）……B12は神経管異常の予防に効果がある。B6はつわりを緩和させる

葉酸……妊娠直前と初期に摂取量を高めると、赤ちゃんの神経管異常の予防に効果がある。ビタミンB群のひとつ

ビタミンC……妊娠に必要なホルモンの分泌を促進させる働きがある

カルシウム……ストレスを軽減し、妊娠中のカルシウム不足を補う

食物繊維……妊娠中に起こる便秘を事前に改善する

この中でも特に重要なのが、葉酸です。

日本以外の先進国では１９８０年代から重要視されていて、お米や小麦に葉酸を配合した商品が販売されています。ピルの中にも葉酸が入っているものがあるほどで、日常生活の中でしっかりと葉酸を取り入れる工夫がなされています。

日本でもやっとこの2～3年ほどで浸透してきましたが、妊娠中に葉酸を摂るよう指導されていても、妊娠前からあらかじめ摂っておくという概念はまだまだ低いようです。葉酸不足によって引き起こされる赤ちゃんの「神経管閉鎖障害」が、先進国のなかで日本だけ増えている時期があります。


葉酸を一番必要とする時期は、受精からほどなくして訪れる胎芽ができる時期。この時期に神経管、脳や中枢神経ができはじめるときですから、妊娠がわかってから摂っても遅いのです。妊娠する前からしっかりと摂っておくことで、奇形や遺伝因子の異常だけでなく、流産、早産を予防する確率が高まります。

Q6

シフト制の仕事で不規則な生活を送っています。今の仕事のまま妊娠することは難しいですか？

A

シフト制の仕事に就いているからといって、妊娠できないわけではありません。シフト制の仕事からフルタイムの仕事に変わったところで、いきなり妊娠できるというわけでもありません。

シフト制の仕事をされている女性が妊娠を望むのであれば、ホルモンバランスを整えておく必要があります。

まず、妊娠成立のためには、ホルモン分泌を適切に保つことが大切です。そのためにできることは、できるだけ心身に時差を与えないシフトで働くこと。日勤→準夜勤→夜勤など、1週間の始まりは朝から始まるシフトにし、土日は寝溜めをすることなく時差を調整しましょう。

また、基礎体温を記録しておくのがおすすめです。シフトが不規則でなかなかつけられないという場合や、目覚まし時計をかけて起きることがストレスになるような場合は、①生理の期間、②おりものの記録、③頭痛・胸の張りなどの不調、④性交した日を記録しておくだけでもＯＫです。毎月続けていくことで、そのときのカラダの状態を知ることができます。

実際に子どもをつくることになったときには、パートナーとの接点をできるだけ多く持つようにしましょう。朝と夜のシフトがある職業に就かれている人にとっては、なかなか難しいのも理解できますが、できる限りの努力していただきたいと思います。

Q7

お酒を飲むのが大好き。毎日同僚と飲みに行ったり、晩酌をしたりと、ほぼ毎日飲んでいます。やっぱりマズいのでしょうか？

A

毎日大量のアルコールを摂取していると、妊娠力の低下につながります。妊娠力の低下につながらない、健康的な飲み方を心がけてください。

〜健康的な飲酒とは〜
＊飲酒は週に3回まで
＊1日の適量を守る
例）ビール中びん1本、日本酒2合、ワイン1・5杯程度

また、毎晩飲み歩くといった不健康な食生活では、肝臓にコレステロールや中性脂肪が溜まり、脂肪肝になる可能性もあります。
これは、動脈硬化をはじめとする、さまざまな生活習慣病を引き起こす恐れがあ

りますので、安心して妊娠できるコンディションではありません。妊娠するまでに改善しておかなければ、母体が重要な病気に発展することもあります。

そして、男性よりも女性の方がアルコール依存性や肝炎になる確率が高いのも事実です。習慣的な飲酒は早めに改善することをおすすめします。

Q8

子どもを持って自分がママとしての気持ちを持てるかどうか不安です。

A

妊娠・出産を考えはじめると、「私でも、ママとしての気持ちや責任を持てるようになるのかな」と悩む女性が多いようです。

どのママも、必ずそのような不安を感じた経験をしています。でも、周りを見渡すと、実際に子どもを立派に育てあげた先輩ママばかりだと気づきます。今の段階でそれほど心配する必要はないでしょう。

妊娠すると「おなかの赤ちゃんを守らなきゃ！」といった母性が芽生えてくるものです。臨月をむかえ、出産をしてからのことは「赤ちゃんと一緒に自分も育っていくんだ」という風に考えてみると良いのではないでしょうか。

実際に、赤ちゃんと一緒に過ごすことで、学ぶことがたくさんあります。責任を持って赤ちゃんを育てるのではなくて、「赤ちゃんと一緒に二人で育っていく」「育児を通じて、毎日の暮らしをクリエイティブにする」と考えた方が精神的にも健康的でいられるでしょう。

子ども達が力を合わせて助けてくれたり、自分たちでは体験できなかった未知の世界に連れて行ってくれたりと、仕事・親・友達からは得られないものがたくさんあります。これは本当に素晴らしいことです。


そもそも、妊娠・出産というものは、それをどれだけ望み、準備万端に整えても、必ずしも全員が手にすることができるわけではありません。

もちろん、妊娠・出産をしない人生もひとつの生き方です。パートナーと恋人のように過ごして、趣味に旅行にと、幸せな人生を築くことができるでしょう。

どの人生を歩むかはあなた次第です。自分の未来をどうしたいか、この機会にしっかりと考えてみてはいかがでしょうか。

おわりに

30年前、私が仕事、家事、そして子育てに奮闘していた当時、世間一般では、3足のわらじを履いている女性はほとんどいませんでした。結婚、あるいは妊娠出産を機に退職するのが一般的だったのです。

女性の家庭内におけるウェイトはとても大きく、その中で「仕事もさせてもらえるのならありがたい。その分仕事は責任のない、いつでも穴を空けてもOKな仕事にまわしてもらおう」という構図が自然とできていました。

みなさんにこんな話をすると、「えーーー！」と驚かれると思います。

性差のないビジネスの中で男性に負けずとも劣らず、生きがいを持って朝から深夜まで働く女性たち。プライベートでも意欲的に、さまざまな活動をしている女性の姿が目立ちます。

そんなあなた方が「結婚のために」「妊娠のために」「子育てのために」仕事を辞める、あるいは自由に使える時間を減らすなんて考えられないことでしょう。

でもみなさん、ちょっと待ってください！

大丈夫。〝仕事〟は後からでもチャンスは訪れます。

〝自由になる時間〟だって、持てるようになります。
けれど〝妊娠出産〟の時期は待ってはくれません。

〝アラフォーの美魔女〟という言葉が流行っていますが、外見がいくら20代に見えても、卵巣は20代というわけにはいきません。そして、卵子は「もう寿命」という女性もたくさんいらっしゃるのです。

普段から自分の月経のこと、子宮・卵巣のことを少しでも意識して、メンテナンスをし、自分のカラダをきちんと知ってください。

「生理がある間は、いつでも妊娠できる」という神話は成り立たないのです。あなたは、それを知っておいて下さいね。

最終的に、妊娠出産を選ぶ、選ばないは個人の自由です。でも、選びたいのに選べないというのは悲しいものです。

後で後悔して涙する女性が、本書を読んで少しでも減ってくれると嬉しく思います。

2012年6月吉日

池下育子

参考文献

『おさえておきたい最新情報2012』女子栄養大学管理栄養士国家試験対策委員会 監修（女子栄養大学出版部）
『不妊症・不育症　改訂版』苛原稔 編（医薬ジャーナル社）
『産科と婦人科 8 卵子のエイジング』（診断と治療社）
『不妊ケアＡＢＣ』鈴木秋悦／久保春海 編（医歯薬出版）
『35歳からの女性の気になる症状辞典』（成美堂出版）
『セックスできれいになる本』池下育子 著（マキノ出版）
『彼女にも読ませたいHOWTOオーガズム』池下育子 監修（文苑堂）
『生理不順と生理痛』池下育子 著（法研）
『病気がみえる vol.9 婦人科』医療情報科学研究所 編（メディックメディア）
『読売新聞 2012年5月27日』
『平成21年国民健康・栄養調査』

池下 育子（いけした　いくこ）

1953年生まれ。青森県出身。産婦人科医。

いけした女性クリニック銀座　院長。

帝京大学医学部卒業後、国立小児病院麻酔科勤務。その後、東京都立築地産院に勤務し、同産院医長就任。

「女性が美容院に行くような華やいだ気持ちで来院できるように」という思いから、1992年銀座に池下レディースクリニック銀座を開業。

2012年5月よりクリニック名を「いけした女性クリニック銀座」に改め、リニューアルオープン。

産科、婦人科のみならず、心と身体のトラブルに悩む女性のための女性科、心療婦人内科医として診療にあたる。

著書に『ＰＭＳ（月経前症候群）と女性のからだ』(同文書院)、『女性の病気百科』(主婦の友社)、『こころとからだに効くキレイの医学』(海竜社)、『ＰＭＳの悩みがスッキリ楽になる本』(東京書籍）など多数。

いけした女性クリニック銀座
東京都中央区銀座２－８－４　泰明ビル３Ｆ
ＴＥＬ０３－３５６２－１９６６
http://www.ikeshitaikuko.com/

妊活♥
いますぐはじめたい6つの習慣

2012年 8月 11日　初刷発行

著　者　池下 育子

装　丁　ヤマシタ ツトム
帯・扉イラスト　小迎 裕美子
本文デザイン・イラスト　土屋 和泉
図　表　横内 俊彦
編集協力　山口 美智子

発行者　野村 直克
発行所　総合法令出版株式会社
〒107-0052
東京都港区赤坂1-9-15　日本自転車会館2号館7階
電話　03-3584-9821（代）
振替　00140-0-69059

印刷・製本　中央精版印刷株式会社

ⓒ Ikuko Ikeshita 2012 Printed in Japan
ISBN978-4-86280-319-1
落丁・乱丁本はお取替えいたします。
総合法令出版ホームページ　http://www.horei.com/

本書の表紙、写真、イラスト、本文はすべて著作権法で保護されています。
著作権法で定められた例外を除き、これらを許諾なしに複写、コピー、印刷物やインターネットのWebサイト、メール等に転載することは違法となります。

視覚障害その他の理由で活字のままでこの本を利用出来ない人のために、営利を目的とする場合を除き「録音図書」「点字図書」「拡大図書」等の製作をすることを認めます。その際は著作権者、または、出版社までご連絡ください。